101 EXPERIMENTE
mit Wasser

moses.

Die Experimente in diesem Buch sind von der Redaktion und vom Verlag sorgfältig erwogen und geprüft worden. Dennoch kann eine Garantie nicht übernommen werden. Eine Haftung des Verlages für Personen-, Sach- und Vermögensschäden ist ausgeschlossen.

© 2008 moses. Verlag GmbH

moses. Verlag GmbH
Arnoldstraße 13d
47906 Kempen
Fon 0 21 52 - 20 98 50
Fax 0 21 52 - 20 98 60
Mail info@moses-verlag.de
www.moses-verlag.de

ISBN 978-3-89777-425-4

Alle Rechte vorbehalten. Die Reproduktion, Speicherung und Verbreitung dieses Buches mit Hilfe elektronischer oder mechanischer Mittel ist nur mit Genehmigung des Verlages möglich. Auch eine auszugsweise Veröffentlichung außerhalb der Grenzen des Urheberrechts bedarf der schriftlichen Zustimmung des Verlages.

Redaktion: Anita van Saan, Elke Vogel
Illustration: Charlotte Wagner
Lektorat: Daniela Schönkes-Pasch, Clarissa Flender
Layout, Typographie & Satz: Daniel Kratzke

Printed in Italy

Albert Einstein (1879–1955) war ein genialer Wissenschaftler – ihr habt bestimmt schon einmal von ihm gehört. Er erforschte die Gesetze, die in unserem Universum gelten: Er hat sich mit den ganz großen Themen wie der Zeit, dem Licht und dem Weltall beschäftigt, aber auch mit den Wundern, die sich in den ganz kleinen Dingen in unserer Welt verbergen.

Im Jahre 1930 schrieb Albert Einstein:

„Wichtig ist, dass man nicht aufhört, zu fragen!"

Du kannst dir bestimmt sehr gut vorstellen, was er uns damit sagen wollte. Auf jeden Fall ist es eine Aufforderung, mit offenen Augen durch unsere wunderbare Welt zu gehen und stets neugierig zu bleiben. Denn es gibt Fragen, auf die kommt man erst, wenn man seine Umwelt ganz genau beobachtet.

Und genau so ist das mit dem Wasser: Jetzt denkst du bestimmt, dass du schließlich genau weißt, was Wasser ist. Es ist nass, warm oder kalt, sauber oder dreckig. Es kann als Regen vom Himmel fallen, im Winter zu Eis gefrieren und im Sommer kannst du es als Eiswürfel in die Limonade tun. In einem See ist das Wasser süß, im Meer hingegen salzig. Wahrscheinlich könntest du eine ziemlich lange Liste von Dingen aufstellen, die dir zum Thema „Wasser" einfallen.

In der Wissenschaft bezeichnet man das als Eigenschaft eines Stoffes. Das ist so ähnlich wie bei den Menschen, denn schließlich hat jeder Mensch bestimmte Eigenschaften: Dein Bruder ist ein furchtbarer Morgenmuffel, deine Schwester eine Leseratte, manche Menschen sind eher ruhig, andere wiederum werden ziemlich schnell zornig. Das bezeichnet man als den Charakter eines Menschen. Doch auch Dinge haben Eigenschaften, die es zu entdecken gilt.

Und genau das machen Wissenschaftler: Sie untersuchen die Eigenschaften von bestimmten Stoffen. Und ihr Entdeckungsdrang macht wirklich vor nichts halt: Kunststoffe, Metalle, Glas… Alles wird genau untersucht.
Doch woher weiß ein Wissenschaftler, wie sich ein bestimmter Stoff verhält, wie er reagiert, wenn er erwärmt, abgekühlt oder mit einem anderen Stoff vermischt wird?
Kannst du es erraten? Richtig! Auch ein Wissenschaftler experimentiert – genau wie du!
Und auf diese Weise kommt er ganz vielen Rätseln der Natur auf die Spur.
Ein ganz wichtiger Stoff in unserem Leben ist das Wasser. Drei Viertel der Erdoberfläche sind von Wasser bedeckt und auch wir Menschen bestehen zu 65 Prozent aus Wasser. Ohne Wasser wäre kein Leben auf unserem Planeten möglich. Also haben die Wissenschaftler diesen für uns so wichtigen Stoff genau „unter die Lupe" genommen. Und dabei haben sie entdeckt, dass das Wasser ganz erstaunliche Eigenschaften hat.

Und soviel sei an dieser Stelle schon mal verraten: Wasser ist nicht ganz normal – die Wissenschaftler bezeichnen so etwas als „anomales Verhalten".

Und? Bist du nun neugierig geworden auf diese Flüssigkeit, die jeder zu kennen glaubt?
Wir fanden diese Flüssigkeit, die in unserem Leben eine so große Rolle spielt, so interessant, dass wir ihr ein ganzes Buch voller Experimente gewidmet haben. Wir laden dich ein zu einer Entdeckungsreise, bei der du zu einem richtigen Wasser-Detektiv werden kannst!

Denn auch du hast dich bestimmt schon mal gefragt:

- Warum löst sich Zucker vollständig in Wasser auf, Öl jedoch nicht?
- Wieso können Fische in einem Teich im Winter überleben, obwohl das Wasser doch gefriert?
- Ein Teichläufer sprintet über das Wasser – wir tauchen unter: Warum?
- Wieso können tonnenschwere Schiffe schwimmen, ein kleiner Nagel jedoch nicht?
- Warum bestehen Eisberge aus Süßwasser?
- Wie kann Meerwasser entsalzt werden?
- Wie funktioniert eine Kläranlage?

Fragen über Fragen, die du am Ende des Buches alle beantworten kannst. Versprochen!

Und damit wirklich keine Fragen offen bleiben, findest du in den Erklärungen, die jedes Experiment begleiten, die wichtigsten Fachbegriffe erläutert; auch kannst du sie hinten nochmals in einer Übersicht, dem Glossar, nachschlagen.

Und nun: Viel Spaß!

Inhaltsverzeichnis

Wasser: Eine erstaunliche Flüssigkeit

1. **Wasser kann sich in Luft auflösen**: Können alle Flüssigkeiten verdunsten? — 10
2. **Nass, trocken oder klebrig?** Erkennst du Wasser auch mit verbundenen Augen? — 12
3. **Gefühle können täuschen**: Kann man fühlen, welche Temperatur Wasser hat? — 13
4. **Die Kraft der Sonne**: Erwärmt die Sonne das Wasser in einem Teller oder in einer Flasche schneller? — 14
5. **Wettrennen**: Verdunstet Wasser im Kühlschrank langsamer? — 15
6. **Wasser – Der ideale Wärmespeicher**: Kann Wasser auch feste Materialien erwärmen? — 16
7. **Wasser – Das coole Kühlmittel**: Kühlt Wasser wirklich besser als Luft? — 17
8. **Zauberei**: Kann Wasser Dinge unsichtbar machen? — 18

Wasser hat viele Gesichter: Die Aggregatzustände

9. **Tanzende Wassertropfen**: Was geschieht mit Wassertropfen, die auf eine heiße Herdplatte fallen? — 19
10. **Schneemänner mögen`s feucht**: Trocknet nasse Wäsche auch bei Minusgraden? — 20
11. **Wasser ist ein Verwandlungskünstler**: Gefriert kaltes Wasser schneller als heißes? — 21

Die Welt des ganz Kleinen

12. **Atome, Moleküle und Wasserstoffbrücken**: Wie sehen Kochsalz und Wasser unter der Lupe aus? — 22
13. **„Visko-Weltmeister" Wasser**: Spritzen alle Flüssigkeiten genauso gut wie Wasser? — 24
14. **Schnell, schneller, am schnellsten**: Lässt sich Honig mit Wasser mischen? — 26
15. **Der Erbsenschreck**: Kann man Erbsen zum Springen bringen? — 27
16. **Der gebogene Wasserstrahl**: Kann sich ein Wasserstrahl verbiegen? — 28

Wasser – Das genialste Lösungsmittel der Welt

17. **Wasser als Lösungsmittel**: Welche Stoffe lösen sich in Wasser auf? — 30
18. **Lebendige Teilchen**: Kann man nachweisen, dass sich Moleküle im Wasser bewegen? — 31
19. **Zucker gegen Zuckerwürfel – wer gewinnt?** Wie leicht löst sich Würfelzucker in Wasser auf? — 32
20. **Zucker und Wasser mögen`s warm**: Löst warmes Wasser Zucker besser oder schlechter auf? — 33
21. **Die schlauen Wassermoleküle**: Was geschieht, wenn Salz in Wasser aufgelöst wird? — 34
22. **Das gefräßige Salzwasser**: Wie viel Salz passt in ein Glas Wasser? — 35
23. **Der Zucker-Zaubertrick**: Kann aufgelöster Zucker wieder hervorgezaubert werden? — 36

Luft löst sich in Wasser

24. **Auch Fische können atmen**: Kann man die Luft im Wasser beobachten? — 37
25. **Heißes Wasser**: Was geschieht mit Wasser, wenn es erwärmt wird? — 38

26. **Sprudel-Bläschen:** Wie kommen die Bläschen in den Sprudel? 39
27. **Durchsichtige Eiswürfel:** Kann Eis Luftbläschen enthalten? 40
28. **Platztausch:** Warum dauert es so lange, volle Flaschen zu leeren? 42

Wasser klebt: Adhäsion – Kohäsion

29. **Festgeklebt!** Wie gut ist Wasser als Klebstoff? 43
30. **Der Lotus-Effekt:** Warum werden manche Dinge durch Wasser nass und andere nicht? 44
31. **„Bewässerungsanlage":** Kann Wasser in Stoff oder über eine Metallkette aufsteigen? 45
32. **Blumen färben:** Können weiße Blumen farbig werden? 47
33. **Bunt ist schöner:** Kann man Blumen zweifarbig einfärben? 48

Wasser hat eine Haut: Oberflächenspannung

34. **Tropfentest:** Kann man einen Tropfen mit einer Stecknadel zerstören? 49
35. **Die ungewöhnliche Lesehilfe:** Kann Wasser eine Lupe sein? 50
36. **Das gierige Glas:** Kann ein Glas voller sein als voll? 51
37. **Die schwimmende Büroklammer:** Kann eine Büroklammer auf dem Wasser schwimmen? 52

Die trickreiche Seife

38. **Der Pfefferschreck:** Kann Pfeffer in Seifenwasser schwimmen? 53
39. **Aber bitte mit Seife!** Braucht man zum Waschen wirklich ein Waschmittel? 54
40. **Super-Seifenblasen:** Wie kann man Seifenblasen selbst herstellen? 56
41. **Das etwas andere Seifenkistenrennen:** Kann ein Streichholz einen Motor haben? 58

Zwei, die sich nicht mögen

42. **Spülmittel als „Vermittler":** Lassen sich Öl und Wasser miteinander mischen? 59
43. **Wandernde Tinte:** Verhält sich Tinte in Wasser anders als in Öl? 60
44. **Der Zucker entscheidet: Wasser oder Öl?** Löst sich Zucker in Wasser oder in Öl besser auf? 61
45. **„Saures Wasser":** Löst sich Essig besser in Wasser oder in Öl auf? 62

Wer rastet, der rostet

46. **Zwei, die sich verstehen – Rost und Salz:** Wie viel Zeit braucht Eisen zum Rosten? 63
47. **Rostvergleich:** Lässt Wasser alle Materialien rosten? 64
48. **Cola – Das perfekte Rostschutzmittel:** Kann Rost auch ohne Schmirgeln wieder entfernt werden? 66
49. **Rostschutz:** Kann man Eisennägel im Wasser vor Rost schützen? 67

Wasserdruck

50. **Wasserscheu:** Kann man tauchen, ohne nass zu werden? — 68
51. **Taucherglocke:** Wie kann man Wasserdruck sichtbar machen? — 69
52. **Je tiefer, desto stärker:** Kann man zunehmenden Wasserdruck sichtbar machen? — 70

Wasser tanzt aus der Reihe – Dichteanomalie

53. **Wasser braucht Platz:** Kann Wasser mal viel, mal wenig Raum einnehmen? — 71
54. **Schwimm-Apfel:** Kann man Äpfel oder Münzen im Wasser schwimmen lassen? — 72
55. **Dichte-Test:** Wie kann man erkennen, ob eine Flüssigkeit dichter ist als Wasser? — 73
56. **Wasserschichten:** Hat Wasser immer dieselbe Dichte? — 74
57. **Rohrbruch:** Kann Eis Rohre sprengen? — 75
58. **Eis macht sich breit:** Was benötigt mehr Platz – festes Eis oder flüssiges Wasser? — 76
59. **Gefahr für die Schifffahrt – Eisberge:** Kann Eis auf Wasser schwimmen? — 78
60. **Pfützentest:** Friert eine Pfütze von oben oder von unten zu? — 80

Salz & Eis

61. **Eisberge sind „süß":** Gefriert Salzwasser bei den gleichen Temperaturen wie Süßwasser? — 81
62. **Streusalz gegen Glatteis:** Kann Salzstreuen tatsächlich Glatteis verhindern? — 82
63. **Schmelzbefehl:** Was bringt Eis besser zum Schmelzen: Sand oder Salz? — 83
64. **Eisangel:** Kann Wasser, wenn Salz gestreut wurde, gar nicht mehr gefrieren? — 84
65. **Wer baut den höchsten Turm?** Wie viele Eiswürfel kann man übereinander stapeln? — 85
66. **Salzeis-Kühlschrank:** Kann man mit einer Kältemischung Wassereis herstellen? — 86
67. **Lecker – Eis ohne Kühlschrank:** Kann man Speiseeis mit einer Kältemischung herstellen? — 87

Eis & Schnee

68. **Geheimnisvolle Schneeflocken:** Wie sehen Schneeflocken unter der Lupe aus? — 88
69. **Der Eskimo und sein Iglu:** Schmilzt ein Mini-Iglu, in das man eine brennende Kerze stellt? — 89
70. **Das große Gleiten:** Wie bewegen sich Gletscher talwärts? — 90
71. **Eis „verdrückt" sich:** Reicht ein Bindfaden aus, um einen Eiswürfel zu zerschneiden? — 92

Das Meer

72. **Salz-Salinen:** Wie kann man Salz aus Meerwasser gewinnen? ... 93
73. **Überschwemmungsgefahr:** Steigt der Meeresspiegel an, wenn das Inlandeis am Südpol schmilzt? ... 94
74. **Meeresspiegel:** Läuft ein randvoll mit Wasser und Eiswürfeln gefülltes Glas über, wenn das Eis schmilzt? ... 96
75. **Meeresströmung:** Können warme Flüssigkeiten von unten nach oben steigen? ... 97

Schwimmen & Sinken

76. **Wasserverdrängung:** Kann man nachweisen, dass beim Eintauchen Wasser verdrängt wird? ... 98
77. **Holz und Wasser im Gleichgewicht:** Wie viel Wasser kann Holz verdrängen? ... 99
78. **Eureka! – Das Archimedische Prinzip:** Was passiert, wenn man eine volle Flasche ins Wasser drückt? ... 100
79. **Rosinentanz:** Können Rosinen im Wasser schwimmen? ... 102
80. **Von Orangen und Schwimmreifen:** Wie funktioniert ein Schwimmreifen? ... 103
81. **Der temperamentvolle Luftballon:** Sinken Steine, Korken oder Luftballons? ... 104
82. **Das wundersame Knetboot:** Hängt es allein vom Gewicht ab, ob ein Gegenstand im Wasser untergeht? ... 105
83. **Das Alu-Boot:** Schwimmt eine eingewickelte Münze genauso gut wie eine Münze in einem Alu-Boot? ... 106
84. **Bergung eines Wracks:** Gibt es einen Trick, wie man ein gesunkenes Wrack leichter bergen kann? ... 108
85. **Tanzende Teufel:** Kennst du die Flaschenteufelchen? ... 110
86. **Der widerspenstige Ball:** Woher kommt die Auftriebskraft? ... 112
87. **Das gesunkene Ei:** Schwimmt ein Ei in Salzwasser besser als in Leitungswasser? ... 113
88. **Das schwebende Ei:** Kann ein Ei im Wasser schweben? ... 114

Der Kreislauf des Wassers

89. **Bau dir deinen eigenen Wasserkreislauf:** Kann man den Wasserkreislauf „im Kleinen" nachbauen? ... 115
90. **Wasser auf der Rundreise:** Was passiert in einer Wolke, wenn es regnet? ... 116
91. **Unsichtbares Wasser:** Wie kann man beweisen, dass die Luft Wasser enthält? ... 118
92. **Nasses Erdreich:** Kann man Wasser aus dem Boden gewinnen? ... 119
93. **Nebelschwaden:** Beschlagen warme Glas- oder Spiegelflächen? ... 120
94. **Wasserfilter im Boden:** Wieso ist Grundwasser meist sauber und keimfrei? ... 121
95. **Brunnenwunder:** Kann Wasser von unten nach oben fließen? ... 122
96. **Regenwasser:** Ist Regenwasser so sauber wie Trinkwasser aus der Leitung? ... 124
97. **Röhren „kommunizieren" miteinander:** Wie kann man sich den Grundwasserspiegel vorstellen? ... 125
98. **Bau dir deine eigene Kläranlage:** Wie funktioniert eine Kläranlage? ... 126
99. **Auch Regen kann sauer werden:** Schädigt saures Wasser Pflanzen? ... 128
100. **Süß- und Salzwasser:** Wie kommt Salz ins Süßwasser und wie gelangt es ins Meer? ... 129
101. **Meerwasser-Entsalzungsanlage:** Kann aus Meerwasser trinkbares Süßwasser gewonnen werden? ... 130

Glossar ... 131

1. Wasser kann sich in Luft auflösen
Können alle Flüssigkeiten verdunsten?

Du brauchst...
- Speiseöl
- Spülmittel
- Wasser
- Milch
- 1 Esslöffel
- 4 Tassen

So geht's:
- Verteile jeweils einen Esslöffel der Flüssigkeiten auf die Tassen (1. Tasse Öl, 2. Tasse Milch,...).
- Tauche nun den Zeigefinger in das Öl, den Mittelfinger in das Wasser, den Ringfinger in die Milch und den kleinen Finger in das Spülmittel.

Was passiert?

Der mit Wasser benetzte Finger ist nach kurzer Zeit wieder trocken, fühlt sich jedoch kälter an als zuvor. Der Finger, den du ins Spülmittel getaucht hast, trocknet ziemlich langsam. Die Milch trocknet zwar vollständig, hinterlässt aber ein komisches Gefühl, und das Öl bleibt als glitschig-schmierige Schicht auf dem Finger.

Warum?

Das Wasser verschwindet nicht, sondern geht vom flüssigen in den gasförmigen Zustand über. Diesen Vorgang bezeichnet man als Verdunstung. Wie schnell das Wasser verdunstet, ist nicht nur von der Lufttemperatur und Sonneneinstrahlung, sondern auch von der Windstärke und der Luftfeuchtigkeit abhängig.

Verdunstet Wasser, wie in unserem Versuch, auf der Haut, so kommt noch ein weiterer Effekt hinzu, der als Verdunstungskälte bezeichnet wird: Nach kurzer Zeit strömt die Wärme deiner Haut zum Wasser, wodurch sich deine Haut abkühlt. Auch Milch und Spülmittel enthalten Wasser. Verdunstet es, so bleiben die übrigen Inhaltsstoffe auf der Haut zurück. Speiseöl hingegen ist eine Flüssigkeit, die nicht verdunsten kann; deshalb bleibt ein schmieriger Ölfilm auf der Haut zurück.

Der Vorgang der Verdunstung begegnet uns in unserem alltäglichen Leben viel häufiger, als den meisten bewusst ist. Wenn man Fieber hat, so wird ein feuchtes Handtuch um die Wade gewickelt (Wadenwickel), wodurch die Körpertemperatur sinkt.

Das Schwitzen, das ja nichts anderes als Verdunstung ist, lässt den Körper abkühlen. Hunde hecheln zur Abkühlung: Sie lassen ihre nasse Zunge heraushängen und beginnen, sehr rasch zu atmen. Auf diese Weise wird überschüssige Wärme abgegeben.

2. Nass, trocken oder klebrig?
Erkennst du Wasser auch mit verbundenen Augen?

Du brauchst...
- Speiseöl
- Wasser
- Spülmittel
- Milch
- Mehl
- 5 Tassen
- 1 Esslöffel
- 1 Tuch

So geht's:
- Verteile jeweils einen Esslöffel der Flüssigkeiten auf die Tassen (1. Tasse Öl, 2. Tasse Wasser,...).
- In die 5. Tasse gibst du einen Esslöffel Mehl.
- Binde einer Versuchsperson, der du vorher natürlich nicht die Inhalte der Tassen zeigst, ein Tuch um die Augen. Bitte die Versuchsperson, einen Finger in jede Tasse zu stecken.

Was passiert?

Konnte die Versuchsperson erraten, um was es sich handelt? Die Flüssigkeiten von dem Mehl zu unterscheiden ist nicht schwer. Durch das Wasser fühlt sich der Finger nass an; wenn das Wasser verdunstet, wird der Finger ein wenig kühler. Das Spülmittel hinterlässt einen klebrigen Eindruck und das Speiseöl ist richtig glitschig. Das Mehl hingegen ist trocken.

Warum?

Du kannst ganz genau unterscheiden, ob es sich um einen flüssigen oder festen Stoff handelt, weil du in deiner Haut Tastrezeptoren hast. Beispielsweise befinden sich alleine in den Fingerspitzen hunderte von diesen Tastrezeptoren. Sie haben die Aufgabe, die Reize über Nervenbahnen an das Gehirn weiter zu leiten und dir wird jetzt erst bewusst, ob es sich um ein nasses, trockenes oder klebriges Gefühl handelt. Erst das Gehirn wertet die Informationen in Form von Reizen aus.

3. Gefühle können täuschen
Kann man fühlen, welche Temperatur Wasser hat?

Du brauchst...
- Kaltes Wasser
- Heißes Wasser
- Eiswürfel
- 3 Schüsseln
- 1 Tuch

So geht's:
- Fülle eine Schüssel mit heißem Wasser – aber nicht zu heiß, damit du dich nicht verbrennst!
- In die beiden anderen Schüsseln gibst du kaltes Wasser, wobei du in eine der Schüsseln Eiswürfel legst. Halte nun eine Hand in die Schüssel mit dem Eiswasser, die andere in die mit dem heißen Wasser. Warte ungefähr eine Minute ab und stecke dann beide Hände gleichzeitig in die dritte Schüssel mit dem kalten Wasser.

Was passiert?
Während deine Hände in den beiden Schüsseln mit dem eiskalten und heißen Wasser stecken, kannst du natürlich ganz genau sagen, welches Wasser warm bzw. kalt ist. Tauchst du jedoch später beide Hände in die dritte Schüssel ein, ist die Temperatur nicht mehr genau einzuschätzen. Vielmehr „meldet" dir deine kalte Hand, das Wasser sei warm, und die Hand aus dem heißen Wasser empfindet das Wasser nun als kalt. Führe das Experiment doch einmal mit einem Freund durch; verbinde ihm aber vorher die Augen!

Warum?
Unsere Haut ist an sämtlichen Stellen des Körpers mit unzähligen Thermorezeptoren ausgestattet, die dir bzw. deinem Gehirn melden, ob du Wärme oder Kälte fühlst. Doch dieses Empfinden lässt sich überlisten, wie du gesehen hast. Dein Gehirn ist sozusagen verwirrt, kann die wirkliche Temperatur des Wassers nicht mehr einschätzen, denn schließlich meldet deine linke Hand „Wasser ist kalt", während deine rechte Hand an das Gehirn weiterleitet „Wasser ist warm". Was denn nun stimmt, kann das Gehirn nicht entscheiden.

4. Die Kraft der Sonne

Erwärmt die Sonne das Wasser in einem Teller oder in einer Flasche schneller?

Du brauchst...
- Wasser
- 1 flachen Teller
- 1 hohes Gefäß
- 1 Messbecher

So geht's:

- Gieße jeweils 100 ml Wasser in das hohe Gefäß und in den Teller.
- Stelle das Wasser an einem warmen Tag in die Sonne.
- Nach circa zwei Stunden kannst du überprüfen, welches Wasser stärker erwärmt wurde.

Was passiert?

Das Wasser in dem flachen Teller fühlt sich wärmer an.

Warum?

Da die Wasseroberfläche im Teller wesentlich größer ist und die Sonnenstrahlen viel schneller bis an den Boden gelangen, wird das Wasser in dem Teller schneller warm. Auch in der Natur erwärmen sich beispielsweise flache Pfützen erheblich schneller als tiefe Teiche.

5. Wettrennen
Verdunstet Wasser im Kühlschrank langsamer?

Du brauchst...
- Wasser
- 2 flache Schälchen
- 1 Esslöffel
- Kühlschrank
- Heizung oder Sonnenschein

So geht's:
- Fülle in beide Schälchen die gleiche Menge Wasser (etwa 3 Esslöffel).
- Stelle eine wassergefüllte Schale in den Kühlschrank, die andere in die Sonne oder in die Nähe eines warmen Heizkörpers.
- Schau am nächsten Tag nach, wie viel Wasser sich noch in den Schalen befindet.

Was passiert?
Im Kühlschrank verändert sich die Wassermenge nur wenig. In der Schale, die in der Sonne steht, ist schon nach kurzer Zeit weniger Wasser; nach einem Tag ist die Schale leer.

Warum?
Wasser verdunstet an der Luft, das heißt, es geht vom flüssigen in den gasförmigen Zustand über. Dieser Vorgang der Verdunstung läuft schneller ab, wenn das Wasser erwärmt wird. Deshalb ist das Wasser im Kühlschrank nicht verdunstet, während das Wasser, das von der Sonne oder der Heizung erwärmt wurde, schon nach einem Tag deutlich weniger geworden oder sogar ganz verschwunden ist.

6. Wasser – Der ideale Wärmespeicher
Kann Wasser auch feste Materialien erwärmen?

Du brauchst...
- Heißes Wasser aus dem Wasserhahn
- 2 Tassen aus Porzellan

So geht's:
- Nimm zwei Tassen aus dem Schrank – wie du bestimmt bemerkt hast, sind sie kalt.
- Fülle nun beide Tassen mit warmem Wasser und umfasse sie mit deinen Händen.
- Mache nun eine Tasse leer, warte einige Minuten und fühle nochmals die Außenseiten der Tassen und das Wasser selbst.

Was passiert?
Während die leere Tasse kalt ist, fühlt sich die mit Wasser gefüllte Tasse noch lauwarm an.

Warum?
Die leere Tasse, die anfangs zwar ebenfalls durch das warme Wasser erwärmt worden war, ist nun wieder kalt, das heißt, sie konnte die Wärme nicht speichern. Die Tasse mit dem Wasser hingegen fühlt sich auch nach einiger Zeit noch warm an, da das Wasser eine sehr praktische Eigenschaft hat: Es speichert hervorragend die Wärme!

Sowohl in der Natur als auch in der Technologie profitiert man von dieser erstaunlichen Eigenschaft des Wassers.

In der Natur findest du den größten Wärmespeicher überhaupt: Schau dir doch mal das Meer an! Im Prinzip ist das Meer ein einziger, riesengroßer Wärmespeicher. Zwar steigt die Wassertemperatur im Sommer nur sehr langsam an (schließlich ist es ja auch nicht ganz leicht, solch eine riesige Wassermasse zu erwärmen), doch oft kann man sogar noch im frühen Herbst baden gehen, da das Meereswasser die Wärme noch gespeichert hat, auch wenn die Luft draußen schon recht kühl ist.

Auch Sonnenkollektoren machen sich die Eigenschaft des Wassers zunutze, sowohl ein hervorragender Wärmeträger als auch Wärmespeicher zu sein. Die Kollektoren nutzen die Wärme des Sonnenlichts, um Wasser, das durch Kupferrohre fließt, zu erhitzen. Nun transportiert das Wasser die Wärme in die Heizkörper. Und bleibt die Heizung aus, so kommt die andere Eigenschaft des Wassers zum Tragen: Die Wärme wird gespeichert, denn schließlich gilt Wasser als idealer Wärmespeicher.

7. Wasser – Das coole Kühlmittel
Kühlt Wasser wirklich besser als Luft?
Bitte hierbei einen Erwachsenen um Hilfe!

Du brauchst...
- 2 gekochte Eier (noch heiß)
- Leitungswasser
- 1 Esslöffel
- 2 Schälchen

So geht's:
- Bitte einen Erwachsenen, zwei Eier hart zu kochen.
- Fülle nun eines der beiden Schälchen mit kaltem Leitungswasser und gib ein Ei hinein.
- Das andere Ei legst du in das zweite Schälchen. Nimm nach fünf Minuten beide Eier in die Hand und fühle außerdem die Temperatur des Wassers.

Was passiert?

Das Ei, das im Wasser lag, fühlt sich wesentlich kälter an als das andere Ei. Das Wasser hingegen ist wärmer geworden.

Warum?

Die Fähigkeit, Wärme aufzunehmen, bezeichnet man als Wärmekapazität. Wasser hat nicht nur die größte Wärmekapazität aller Flüssigkeiten, sondern übertrifft auch bei weitem die Fähigkeit der Luft, Wärme aufzunehmen. Aus diesem Grunde ist auch das Ei, das im Wasser lag, schneller kalt geworden als das Ei, das einfach nur an der Luft abkühlte.

Das beste Beispiel für die praktische Anwendung des Kühlmittels Wasser ist der Auto-Kühler. Als die Autos technisch noch nicht so fortgeschritten waren, hat man insbesondere im Sommer schon mal häufiger Autos am Wegrand stehen sehen, bei denen es aus dem Motorraum dampfte. Doch keine Angst, das Auto stand nicht in Flammen, vielmehr war dies stets ein Zeichen dafür, dass der Kühler überfordert war. Wird das Benzin im Motor verbrannt, entsteht dabei auch Wärme. Wird der Motor zu heiß, kann es zu Motorschäden kommen. Der Kühler hat nun die Aufgabe, die Temperatur auf einem normalen Niveau zu halten. Das im Kühlkreislauf enthaltene Wasser nimmt die Wärme auf und wird durch den Fahrtwind wieder abgekühlt. Dafür gibt es auch am Armaturenbrett eine Anzeige, die rot aufleuchtet, sobald die Wassertemperatur im Kühler ein bestimmtes Niveau erreicht. Dann sollte man anhalten und dem Motor Zeit zum Abkühlen geben.

8. Zauberei
Kann Wasser Dinge unsichtbar machen?

Du brauchst...

- Salz
- Reiskörner
- Wasser
- 2 Tassen
- 1 Teelöffel
- 1 Sieb
- 1 Kaffeefiltereinsatz aus Plastik
- 1 Papierfilter

So geht's:

- Fülle die Tassen mit Wasser und gib in eine Tasse einen halben Teelöffel Salz, in die andere einen halben Teelöffel Reiskörner.
- Rühre das Wasser in den Tassen um, halte deine Zeigefinger in beide Gefäße und lecke sie nacheinander ab. Achte dabei auf den Geschmack.
- Gieße das Reiswasser durch das Sieb.
- Gieße das Salzwasser durch einen Kaffeefilter in ein anderes Gefäß.
- Halte deinen Finger in das gefilterte Salzwasser, achte dabei wieder auf den Geschmack.

Was passiert?

Die Reiskörner sehen im Wasser unverändert aus. Das Wasser, in dem sie liegen, schmeckt so wie immer (neutral). Schüttet man die Reiskörner durch ein Sieb, kann man Reis und Wasser leicht wieder voneinander trennen. Die Salzkörnchen, die du ins Wasser geschüttet hast, sind bald verschwunden, das Wasser schmeckt aber salzig. Schüttet man das Salzwasser durch einen Filter, schmeckt das gefilterte Wasser noch immer salzig.

Warum?

Das Salz ist im Wasser unsichtbar, weil sich die Salzkörnchen im Wasser aufgelöst haben. Das Salz ist weiterhin da, kann aber nicht mehr durch einen Filter aufgefangen werden. Reiskörner bestehen hauptsächlich aus Stärke und Eiweiß, also aus Stoffen, die nicht wasserlöslich sind. Deshalb werden sie nicht verändert und lassen sich durch ein Sieb leicht voneinander trennen.

9. Tanzende Wassertropfen
Was geschieht mit Wassertropfen, die auf eine heiße Herdplatte fallen?
Bitte hierbei einen Erwachsenen um Hilfe!

Du brauchst...
- Wasser
- 1 Schüssel
- Heiße Herdplatte

So geht's:
- Fülle Wasser in eine Schüssel und stelle sie neben den Herd.
- Bitte einen Erwachsenen, die Herdplatte anzuschalten, und warte, bis sie heiß ist.
- Tauche deine Hand ins Wasser und schüttle einige Wassertropfen auf die heiße Herdplatte.

Was passiert?
Die Wassertropfen auf der heißen Herdplatte verdampfen nicht sofort, sondern „tanzen" auf ihr herum.

Warum?
Wasser siedet bzw. kocht bei 100°C und geht dabei in Wasserdampf über. Diese Temperatur bezeichnet man auch als Siedepunkt. Fällt ein kalter Wassertropfen auf eine heiße Herdplatte, so erreicht er an der Stelle, mit der er die Herdplatte berührt, sofort den Siedepunkt – ein Teil des Wassertropfens verdampft. Dieser Dampf hebt den Tropfen regelrecht in die Höhe, wodurch er auf der Herdplatte hin und her tanzt. Steigt der Dampf auf, sinkt der Tropfen wiederum auf die heiße Herdplatte und der „Tanz" beginnt von vorne.

Wasser ist flüssig, doch wenn es gefriert, wird es zu festem Eis. Sollte es jedoch verdampfen, so wie in unserem Versuch oben, wird es zu gasförmigem Wasserdampf. Diese drei möglichen Formen des Wassers bezeichnet man als Aggregatzustände. Zwar hat jeder Stoff auf dieser Welt einen Aggregatzustand, doch ist Wasser der Einzige, der auf der Erde in allen drei Formen auftaucht. Wichtige Begriffe in diesem Zusammenhang sind neben dem Siedepunkt auch der Gefrierpunkt, das heißt der Punkt, bei dem Wasser zu Eis gefriert (0°C) sowie die Verdunstung, wobei das flüssige Wasser in gasförmigen Zustand (Wasserdampf) übergeht.

10. Schneemänner mögen's feucht
Trocknet nasse Wäsche auch bei Minusgraden?

WINTEREXPERIMENT!

Du brauchst...
- Feuchtes Handtuch
- Wäscheleine
- Wäscheklammern
- Winterkälte (Temperaturen unter 0°C)

So geht's:
- Hänge das feuchte Handtuch mit den Wäscheklammern draußen auf die Wäscheleine und lasse es über Nacht dort hängen.
- Schaue am nächsten Morgen nach, ob das Handtuch noch nass oder bereits trocken ist.

Was passiert?
Sofern es nachts nicht geschneit hat, ist das Handtuch spätestens am nächsten Morgen trocken.

Warum?
Unabhängig davon, wie kalt es draußen ist, wird das flüssige Wasser im nassen Handtuch zunächst gefrieren und danach verdunsten. Das Wasser im Handtuch wird zu Eis und dann zu Wasserdampf. Dieser Versuch zeigt uns, dass Wasser also auch im festen bzw. gefrorenen Zustand durch Verdunstung gasförmig werden kann. Voraussetzung ist lediglich, dass die Luft trocken bleibt.

Den direkten Übergang vom festen (Eis) in den gasförmigen Zustand (Luft) nennt man Sublimation. Du hast im Winter bestimmt schon mal einen Schneemann gebaut, oder? Dass dein Schneemann schmilzt, wenn es tagsüber wärmer als 0°C wird, ist dir sicherlich bewusst. Doch dein weißer Freund kann auch nachts kleiner werden, obwohl es doch richtig kalt ist und auch die Sonne nicht scheint. Das hat mit der Sublimation zu tun. Daher lieben Schneemänner diesen Vorgang ganz und gar nicht, denn wer möchte schon gerne über Nacht schrumpfen.

11. Wasser ist ein Verwandlungskünstler
Gefriert kaltes Wasser schneller als heißes?

Du brauchst...
- Heißes und kaltes Wasser
- 2 Pappbecher
- 1 Bleistift
- Temperaturen unter 0°C

So geht's:

- Markiere die beiden Pappbecher außen auf gleicher Höhe mit einem Bleistift und beschrifte sie mit „heiß" und „kalt".
- Fülle den Becher mit der Aufschrift „heiß" bis zur Markierung mit heißem Wasser und den Becher mit der Aufschrift „kalt" mit kaltem Wasser.
- Stelle nun beide Becher im Winter bei Minustemperaturen nach draußen oder einfach in die Tiefkühltruhe und schaue im Abstand von einer halben Stunde nach, welches Wasser zuerst gefriert

Was passiert?

Das heiße Wasser verwandelt sich schneller in Eis als das kalte.

Warum?

Dieses wirklich merkwürdige Verhalten des Wassers hat in der Tat als Erster auf dieser Welt ein Schüler in Tansania entdeckt. Erasto Mpemba (nach ihm wurde dieser Mpemba-Effekt auch benannt) machte vor circa 40 Jahren zusammen mit seinen Freunden Eiscreme, wobei er jedoch zu ungeduldig war. Er hatte keine Lust, abzuwarten, bis die warme, angerührte Flüssigkeit abgekühlt war, bevor er sie in die Tiefkühltruhe stellen konnte. Also stellte er seine noch heiße Flüssigkeit in das Tiefkühlfach und war erstaunt, dass seine Eiscreme-Portion am schnellsten gefroren war.

Bis heute rätseln die Wissenschaftler, warum das wohl so ist. Eine zufriedenstellende Erklärung haben sie jedoch bislang noch nicht gefunden!

12. Atome, Moleküle und Wasserstoffbrücken
Wie sehen Kochsalz und Wasser unter der Lupe aus?

Du brauchst...
- Wasser
- Kochsalz
- 1 Lupe
- 1 dunkler Teller

So geht's:
- Streue einige Salzkörner auf einen dunklen Teller und setze einen Wassertropfen daneben.
- Betrachte nun Wasser und Salz mit der Lupe.

Was passiert?

Du kannst erkennen, dass das Salz aus winzigen Körnchen mit harten Kanten besteht. Das Wasser hingegen bildet einen flachen, rundlichen Tropfen auf dem Teller.

Warum?

Normalerweise halten sich alle Stoffe in dieser Welt an bestimmte Regeln – nicht so das Wasser! Das scheint keine Lust dazu zu haben! Daher sprechen wir auch von der „Anomalie des Wassers". Möchtest du verstehen, warum sich das Wasser manchmal merkwürdig verhält, musst du die Welt mit den Augen eines Wissenschaftlers betrachten:

Alles, was du in dieser Welt siehst (Schreibtisch, Auto, Flugzeug, Menschen, Sterne), ist aus unendlich kleinen Teilchen aufgebaut – den Atomen. Es gibt ungefähr 100 unterschiedliche Atome: Sauerstoff-Atom, Wasserstoff-Atom, Kohlenstoff-Atom... Die Liste ist sehr lang. Diese Atome können sich zu Gruppen zusammenschließen, die als Moleküle bezeichnet werden. Moleküle beeinflussen die Eigenschaften eines Stoffes im hohen Maße: Ob er bei Wärme schmilzt, bei Kälte rot wird oder sich im Wasser auflöst – an allem sind sozusagen die Moleküle schuld.

Und die Chemiker haben sich etwas ganz Schlaues ausgedacht: Um ein wenig Ordnung in diesen „Molekül-Baukasten" zu bringen, haben sie sich Abkürzungen überlegt. Das einfachste Beispiel ist die Abkürzung für Wasser: H_2O. Die Chemiker bezeichnen dies auch als chemische Formel. Und wenn nun die Wissenschaftler diskutieren, so weiß jeder ganz genau, was mit H_2O gemeint ist, nämlich Wasser, das aus zwei Wasserstoffatomen (H_2) und einem Sauerstoffatom (O) besteht. Somit kann ein Chemiker so ziemlich jeden einzelnen Stoff in diesem Universum anhand dieser chemischen Formeln unterscheiden. Und wenn die Eigenschaften des Wassers nicht ganz

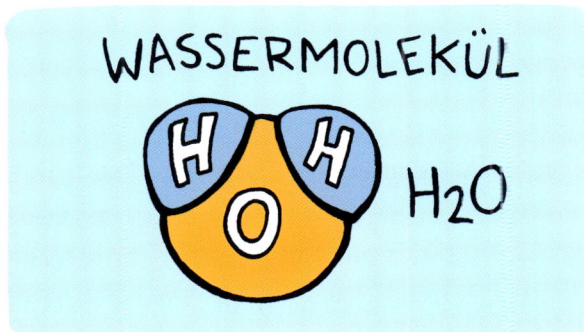

normal (anomal) sind, so liegt das einzig und allein an diesen kleinen Molekülen. Denn dieses „magische Dreieck" aus zwei Wasserstoff- und einem Sauerstoffatom interessiert sich nicht dafür, wie sich ein Stoff normalerweise zu verhalten hat. Er macht einfach, was er will. Man könnte auch saloop formulieren: Das Wasser ist regelrecht dickköpfig!
Anhand der Molekülstruktur des Wassers kann erklärt werden, warum beispielsweise ein kleines Tier wie der Wasserläufer übers Wasser laufen kann, wieso das Salz im Meerwasser bleibt, warum in einem See die Fische im Winter nicht erfrieren, obwohl doch die Wasseroberfläche vollkommen zugefroren ist, warum Eisberge schwimmen…
Die Liste an wirklich spannenden Fragen ist fast unendlich.
Wie du jetzt weißt, besteht auch das Wasser aus Molekülen, die eine weitere Eigenschaft haben: Sie halten untereinander ganz fest zusammen! Stell dir zwei Wassermoleküle namens Molek-1 und Molek-2 vor. Ein Wasserstoffatom von Molek-1 baut eine Art „Brücke" zu dem Sauerstoffatom von Molek-2. Auf diese Art binden sich ganz viele Wassermoleküle aneinander. Sie bilden einen festen Zusammenhalt, den man in der Chemie auch als Wasserstoffbrücke bezeichnet

Die Wasserstoffbrücken geben dem Wassertropfen seine kugelige Form.

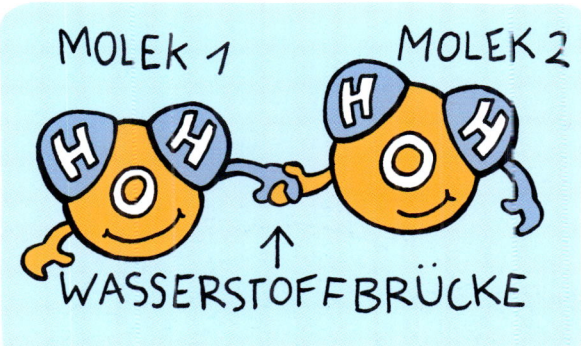

13. „Visko-Weltmeister" Wasser

Spritzen alle Flüssigkeiten genauso gut wie Wasser?

Du brauchst...

- Honig
- Ahornsirup
- Wasser
- Öl
- 4 Suppenteller
- 1 Esslöffel
- 1 Teelöffel
- 1 Schürze

So geht's:

- Zunächst ziehst du dir am besten eine Schürze an.
- Nun verteilst du die Flüssigkeiten auf die vier Teller, und zwar so, dass auf dem ersten Teller 2 Esslöffel Honig sind, auf dem zweiten Teller 2 Esslöffel Ahornsirup…
- Beachte jedoch dabei, immer einen sauberen Esslöffel zu benutzen.
- Schlage nun (vorsichtig) mit dem Teelöffel in die einzelnen Flüssigkeiten und achte darauf, wie unterschiedlich sie sich verhalten.

Was passiert?

Honig und Ahornsirup spritzen fast gar nicht, vielmehr scheint der Löffel regelrecht festzukleben. Das Öl spritzt zwar besser, aber das Wasser schlägt sie alle!

Warum?

Indem du mit dem Teelöffel auf die Flüssigkeiten schlägst, übst du Druck auf sie aus. Und jede Flüssigkeit verhält sich unter Druck anders. Wasser ist relativ unkompliziert und spritzt nach allen Seiten fort. Die anderen Flüssigkeiten aus dem Experiment sind nicht ganz so beweglich; man bezeichnet sie auch als zähflüssig.

Die Viskosität einer Flüssigkeit beschreibt, wie zähflüssig diese ist. Wasser hat dementsprechend eine niedrige Viskosität, Honig hingegen eine sehr hohe. Doch warum ist das so?

Die Viskosität einer Flüssigkeit ist von mehreren Faktoren abhängig: von der Temperatur, dem Druck, den Anziehungskräften, die zwischen den einzelnen Molekülen herrschen, sowie von der Größe der Moleküle. So nimmt beispielsweise mit steigender Temperatur die Viskosität ab. Mit anderen Worten: Je wärmer eine Flüßigkeit wird, desto besser fließt sie. Ein gutes Beispiel hierfür ist der zähflüssige Honig, der durch Erwärmung sehr dünnflüssig wird, da nun die Anziehungskräfte zwischen den einzelnen Molekülen nicht mehr so groß sind und sich die einzelnen Honigmoleküle schneller bewegen.

14. Schnell, schneller, am schnellsten
Lässt sich Honig mit Wasser mischen?

Du brauchst...
- 2 Eiswürfel
- Honig
- Heißes Wasser
- Kaltes Wasser
- 2 Teelöffel
- 2 Gläser
- 1 kleiner Teller

So geht's:
- Fülle ein Glas mit heißem, das andere mit kaltem Wasser.
- Lege die beiden Eiswürfel auf den kleinen Teller.
- Tropfe jeweils 1/4 Teelöffel Honig in das Glas mit kaltem und in das Glas mit heißem Wasser.
- Tropfe dieselbe Menge Honig auf die beiden Eiswürfel.
- Rühre mit dem sauberen Teelöffel nacheinander in beiden Gläsern.

Was passiert?
Der zähflüssige Honig löst sich auf dem Eis fast gar nicht auf und auch im kalten Wasser löst er sich nur teilweise auf. Im heißen Wasser hingegen verflüssigt er sich sofort.

Warum?
Honig ist, wie du jetzt bereits weißt, eine Flüssigkeit mit hoher Viskosität (s. Experiment 13). In kaltem Wasser löst er sich, obwohl er hauptsächlich aus Zucker und Wasser besteht, nicht sofort auf. Doch Hitze bringt die Wassermoleküle dazu, sich schneller zu bewegen: Sie stoßen nun häufiger und schneller zwischen die Honigteilchen und können sich dementsprechend wesentlich schneller mit ihnen vermischen. Natürlich bewegen sich die Wassermoleküle auch in dem kalten Wasser, jedoch lange nicht so schnell wie in heißem. Im Eis sind die Wassermoleküle unbeweglich, weshalb sie nicht zwischen die Honigmoleküle stoßen können – der Honig bleibt zähflüssig.

15. Der Erbsenschreck
Kann man Erbsen zum Springen bringen?

Du brauchst...
- Getrocknete Erbsen
- Wasser
- 1 Glas
- 1 Deckel aus Blech (z.B. von einer Keksdose)

So geht's:
- Fülle das Glas mit den getrockneten Erbsen.
- Gieße Wasser in das Glas, bis es randvoll gefüllt ist.
- Stelle das Glas auf den Blechdeckel (und verstecke es z.B. unter dem Bett deiner Schwester).

Was passiert?
Die Erbsen quellen auf und fallen nach einigen Stunden nach und nach auf den Blechdeckel, wobei sie ein gruseliges Geräusch machen.

Warum?
Im Inneren der Erbse befinden sich viel mehr Inhaltsstoffe als in dem Wasser; diese Stoffe können jedoch nicht durch die Außenhaut der Erbse dringen. Ganz anders sieht das bei dem Wasser aus: Wassermoleküle sind bestrebt, sich überall gleichmäßig auszubreiten, und sie können durch die Haut der Erbse dringen. Und genau das machen die kleinen Wassermoleküle dann auch: Sie dringen in die Erbse ein, vermischen sich dort mit den anderen Molekülen – die Erbsen quellen auf, werden immer dicker und plumpsen aus dem Glas, weil dort nun zu wenig Platz ist.

Und natürlich gibt es dafür auch einen schlauen Namen; dieser Vorgang heißt Osmose. Die einen Moleküle dürfen zwar hinein, die anderen aber nicht hinaus – wie in einer Einbahnstraße.

16. Der gebogene Wasserstrahl
Kann sich ein Wasserstrahl verbiegen?

Du brauchst...
- Aufgeblasener Luftballon
- Waschbecken
- Pullover aus Kunstfaser

So geht's:
- Drehe den Wasserhahn soweit auf, dass ein dünner Wasserstrahl herausfließt.
- Reibe den Luftballon an dem Pullover und halte ihn vorsichtig an den Wasserstrahl.
- Aufpassen: Der Ballon darf den Wasserstrahl nicht berühren!

Was passiert?
Der Wasserstrahl verbiegt sich in Richtung des Luftballons.

Warum?
Moleküle setzen sich aus mehreren Atomen zusammen, Atome wiederum bestehen aus noch kleineren Teilchen, den negativ geladenen Elektronen und positiv geladenen Protonen. Ähnlich wie bei einem Magneten ziehen sich auch hier Gegensätze an, das heißt Protonen und Elektronen ziehen sich immer gegenseitig an. Und genau dieses Verhalten soll mit diesem Experiment gezeigt werden.

Weil die Anzahl an Elektronen und Protonen im Atom gleich groß ist, sagt man, dass das Atom neutral ist. Durch das Reiben am Pullover jedoch wird der Luftballon elektrisch negativ aufgeladen. Die Elektronen des Pullovers wandern auf die Luftballonoberfläche. Der Wasserstrahl besteht aus Millionen von Wassermolekülen. H_2O heißt, zwei Wasserstoff- und ein Sauerstoffatom verbinden sich zu einem Molekül (s. Experiment 12). Die Atome sind so angeordnet, dass auf der Seite des Sauerstoffs mehr negative Ladungen (negativer Pol) und auf der Seite des Wasserstoffs positive Ladungen (positiver Pol) entstehen. Das Molekül ist ein Dipol, das heißt es hat zwei Pole.

Im flüssigen Wasser sind die Moleküle (Dipole) relativ frei beweglich.

Wenn sich der negativ aufgeladene Ballon dem Wasserstrahl nähert, drehen sich die Wassermoleküle an der Oberfläche des Wasserstrahls so, dass die positiven Pole nach außen zeigen: Sie werden angezogen und der Wasserstrahl wird abgelenkt.

17. Wasser als Lösungsmittel
Welche Stoffe lösen sich in Wasser auf?

Du brauchst...

- Sand
- Gartenerde
- Mehl
- Zitronensaft
- Zucker
- Leitungswasser
- 1 Kaffeefilter
- 5 durchsichtige Gläser
- 1 Teelöffel
- 5 Papier-Filtertüten

So geht's:

- Fülle die fünf Gläser etwa zur Hälfte mit Leitungswasser.
- Schütte in das erste Glas einen Teelöffel Sand, in das zweite Gartenerde, in das dritte Mehl, in das vierte Zitronensaft und in das fünfte Zucker.
- Rühre nun die Mischungen in den Gläsern mit einem sauberen Teelöffel um und schau dir den Inhalt der Gläser genau an. Lösen sich die einzelnen Materialien in dem Wasser auf?
- Gieße diese Mischungen nun nacheinander durch einen sauberen Kaffeefilter ins Waschbecken und untersuche genau, was sich noch in dem jeweiligen Filter befindet.

Was passiert?

Sand, Gartenerde und Mehl lassen sich zwar zunächst mit dem Wasser mischen, setzen sich dann jedoch am Boden des Glases ab. Im Filter kann man die festen Teilchen auffangen und so vom Wasser trennen. Der Zucker hingegen löst sich im Wasser vollständig auf. Schüttet man Zitronensaftwasser und Zuckerwasser durch einen Filter, bleibt nichts zurück.

Warum?

Wasser ist ein hervorragendes Lösungsmittel. Viele Stoffe lösen sich vollständig in Wasser auf und es entsteht eine sogenannte Lösung. Werden jedoch feste Stoffe wie Sand oder Erde mit Wasser vermischt, so entsteht eine Suspension.

Die festen Bestandteile setzen sich am Boden des Gefäßes ab und können jederzeit wieder herausgefiltert werden.

18. Lebendige Teilchen
Kann man nachweisen, dass sich Moleküle im Wasser bewegen?

Du brauchst...
- Leitungswasser
- Lebensmittelfarbe oder Tintenpatrone
- 1 Wasserglas

So geht's:
- Lasse die Lebensmittelfarbe oder die Tinte aus der Patrone in das Wasser tropfen.

Was passiert?
Die Tintenteilchen bzw. Farbstoffe verteilen sich nach einiger Zeit auch ohne Umrühren im Wasser.

Warum?
Ursache der Vermischung ist die Bewegung der einzelnen Wassermoleküle. Zwar kannst du sie nicht sehen, da sie viel zu klein sind, doch das gefärbte Wasser macht sie quasi sichtbar.

In Flüssigkeiten und Gasen sind die Teilchen in ständiger Bewegung, sie wechseln permanent den Ort. Wie du beobachten konntest, haben sich die farbigen Bestandteile immer weiter im Wasser ausgebreitet. Zum Schluss war das gesamte Wasser gefärbt, das heißt die beiden Flüssigkeiten haben sich vollständig vermischt. Diesen Prozess bezeichnet man als Diffusion, man sagt: Die Färbung „diffundiert" langsam auseinander. Und ganz wichtiger Bestandteil dieser Diffusion ist es, dass die gefärbten Teilchen sich immer in die Richtung ausbreiten, in denen noch nicht so viele von den gefärbten sind. Und das machen die Teilchen solange, bis sich die beiden Flüssigkeiten, Wasser und Farbstoff, gleichmäßig vermscht haben.

19. Zucker gegen Zuckerwürfel – wer gewinnt?
Wie leicht löst sich Würfelzucker in Wasser auf?

Du brauchst...
- Wasser
- 1 Stück Würfelzucker
- Feinkörniger Zucker
- 1 Teelöffel
- 2 Gläser

So geht's:
- Fülle die beiden Gläser mit Wasser und lege in das erste Glas ein Stück Würfelzucker.
- In das zweite Glas schüttest du einen halben Teelöffel feinkörnigen Zucker.
- Rühre das Wasser in beiden Gläsern um.

Was passiert?
Der feinkörnige Zucker löst sich schneller auf.

Warum?
Bei den Molekülen des feinkörnigen Zuckers sind die Anziehungskräfte untereinander nicht so stark, sodass die Wassermoleküle sich ziemlich leicht dazwischen drängen können, wodurch die Zuckermoleküle voneinander getrennt werden. Diese schwimmen dann einzeln im Wasser umher und sind mit bloßem Auge nicht mehr sichtbar.

In dem Zuckerwürfel hingegen sind die einzelnen Kristalle sehr eng zusammengepresst, sodass sich die Wassermoleküle erst einmal nur zwischen die äußeren Zuckermoleküle des Würfels drängen können, das heißt die Wassermoleküle müssen sich quasi langsam zum Kern des Würfelzuckers vorarbeiten – und das kostet Zeit.

20. Zucker und Wasser mögen's warm
Löst warmes Wasser Zucker besser oder schlechter auf?

Du brauchst...
- Wasser
- 1 Eiswürfel
- 2 Stück Würfelzucker
- 2 Gläser

So geht's:
- Fülle das erste Glas mit kaltem Wasser und füge einen Eiswürfel hinzu.
- Fülle in das zweite Glas heißes Wasser aus dem Wasserhahn.
- Lege in jedes Glas ein Stück Würfelzucker.

Was passiert?
In heißem Wasser zerfällt der Würfelzucker wesentlich schneller als in kaltem Wasser.

Warum?
Wasser und viele andere Stoffe in dieser Welt haben die Eigenschaft, dass die Moleküle mit steigender Temperatur lebendiger werden. Und je schneller sich Wassermoleküle bewegen, desto schneller schaffen sie es auch, die Zuckermoleküle voneinander zu trennen. Im warmen Wasser arbeitet es sich eben besser – das müssen wohl sogar schon die Moleküle erkannt haben!

Indem man Wasser erwärmt, kann man also seine Lösungsfähigkeit noch verbessern. Es gibt sogar einige Stoffe, die sich ausschließlich im warmen oder heißen Wasser auflösen. Oder hast du schon mal gesehen, dass man Tee mit kaltem Wasser aufbrüht?

21. Die schlauen Wassermoleküle
Was geschieht, wenn Salz in Wasser aufgelöst wird?

Du brauchst...
- Papier
- 1 blauer Filzstift
- 1 roter Filzstift
- 1 Schere

So geht's:
- Male große blaue Kreise und rote Quadrate auf das Papier und schneide sie aus.
- Lege jeweils vier rote Quadrate zu einem großen Quadrat zusammen.
- Lege die blauen Kreise an die Ecken der Quadrate und stupse sie an.

Was passiert?
Die großen Quadrate sollen die einzelnen Salzkristalle darstellen, die blauen Kreise sind die Wassermoleküle. Und diese Wassermoleküle schaffen es, die fest zu einem Salzkristall verbundenen Salzmoleküle auseinander zu treiben. Wasser- und Salzmoleküle vermischen sich.

Warum?
Salz und Wasser (Salz- und Wassermoleküle) verteilen sich gleichmäßig, man erhält eine Lösung. Diese Lösung besteht aus dem „Lösungsmittel" Wasser und dem „gelösten Stoff" Salz.

22. Das gefräßige Salzwasser
Wie viel Salz passt in ein Glas Wasser?

Du brauchst...
- 10 Teelöffel Salz
- 10 Teelöffel Sand
- Heißes Wasser
- 1 Stift, der auf Glas malt
- 2 alte Gläser
- 1 Teelöffel

So geht's:
- Fülle die beiden Gläser zu zwei Dritteln mit heißem Wasser und markiere den Wasserstand mit dem Stift.
- Gib nun in das erste Glas mit Hilfe des Teelöffels den Sand, in das zweite das Salz; zwischendurch solltest du immer wieder umrühren.

Was passiert?
Der Sand setzt sich am Glasboden ab und erhöht den Wasserspiegel. Das Salz löst sich vollständig auf; der Wasserspiegel bleibt hier unverändert.

Warum?
Zwischen den einzelnen Wassermolekülen (H_2O) befinden sich viele Lücken bzw. Hohlräume in denen sich die Salzmoleküle quasi verstecken können, ohne Platz zu beanspruchen. Daher steigt auch der Wasserspiegel nicht an!

Die Sandmoleküle hingegen sind so fest miteinander verbunden, dass das Wasser keine Chance hat, sich zwischen sie zu drängen. Daher steigt auch der Wasserstand in dem Glas mit dem Sand entsprechend an.

Wenn du dieses Experiment noch weiterführen möchtest, so versuche doch einmal herauszufinden, wie viel Salz in das Glas passt, ohne dass sich der Wasserspiegel verändert. In dem Augenblick, in dem das Wasser kein Salz mehr aufnehmen kann und sich das Salz am Boden abzusetzen beginnt, ist das Salzwasser, das vorher ein richtiger „Nimmersatt" und so „gefräßig" war, ziemlich satt. Daher sagt man auch, es ist „gesättigt", und die Wissenschaftler sprechen in diesem Fall von einer „gesättigten Lösung".

23. Der Zucker-Zaubertrick
Kann aufgelöster Zucker wieder hervorgezaubert werden?

Du brauchst...
- Heißes Leitungswasser (355 ml)
- 454 g Zucker
- 1 Marmeladenglas
- 1 langer Bleistift
- Bindfaden (20 cm)
- 1 Esslöffel
- 1 Messbecher

So geht's:
- Gieße das heiße Wasser in das Marmeladenglas.
- Gib mit dem Löffel den Zucker ins Wasser und rühre solange um, bis sich der Zucker vollständig aufgelöst hat.
- Befestige den Bindfaden an dem Bleistift und lege ihn so über das Glas, dass der Faden ins Wasser eintaucht.
- Lasse das Glas einige Tage stehen.

Was passiert?
Ein geringer Teil des Wassers ist verdunstet; am Faden und am Rand des Glases bilden sich Zuckerkristalle.

Warum?
Zucker besteht aus Molekülen, die nicht sehr stark miteinander verbunden sind. Wenn du Wasser und Zucker vermischst, so drängt sich das Wasser zwischen die einzelnen Zuckermoleküle und trennt sie voneinander. Wir haben heißes Wasser verwendet, weil sich die Wassermoleküle dann viel schneller bewegen, im Prinzip ihre Aufgabe wesentlich schneller erledigen können: Der Zucker löst sich rascher auf! Doch wenn du das Glas einige Tage stehen lässt, verdunstet nicht nur ein kleiner Teil des Wassers im Glas, sondern auch das Wasser, das sich an dem Faden festgesogen hatte.

Und was machen die Zuckermoleküle? Klar – sie erobern sich quasi ihren Platz zumindest teilweise wieder zurück. Sie rücken wieder näher zusammen und bilden Kristalle – Zuckerkristalle!

Der verschwundene Zucker taucht – wie mit Zauberhand – wieder auf!

24. Auch Fische können atmen
Kann man die Luft im Wasser beobachten?

Du brauchst...
- Leitungswasser
- 1 Glas

So geht's:
- Fülle frisches Leitungswasser in das Glas und lasse es eine Viertelstunde im Zimmer stehen.

Was passiert?
Es bilden sich Bläschen an der Glaswand.

Warum?
Wasser enthält Gase aus der Luft. Wenn sich das Wasser im Glas auf Zimmertemperatur erwärmt, löst sich die Luft in Form von winzigen Bläschen vom Wasser ab. Kaltes Wasser kann grundsätzlich mehr Luft (Gas) lösen als warmes: Das kannst du daran erkennen, dass kalte Sprudelflaschen ihr Gas nicht so schnell verlieren wie warme (s. Experiment 26).

Flache Teiche, Seen oder langsam fließende Bäche können sich vor allem im Hochsommer durch die Sonnenstrahlen so stark erwärmen, dass die im Wasser gelösten Gase (Sauerstoff) teilweise frei werden und in Form von Bläschen an die Oberfläche steigen: Das Gewässer verliert Sauerstoff. Fische filtern über ihre Kiemen den gelösten Sauerstoff aus dem Wasser. Doch je wärmer das Wasser wird, desto mehr Wasser muss der Fisch über seine Kiemen leiten, um ausreichend Sauerstoff zu erhalten. Ist zu wenig Sauerstoff im Wasser, sterben die Fische – sie ersticken!

25. Heißes Wasser
Was geschieht mit Wasser, wenn es erwärmt wird?
Bitte hierbei einen Erwachsenen um Hilfe!

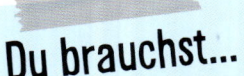

Du brauchst...
- Leitungswasser
- 1 Topf
- Herd

So geht's:
- Fülle kaltes Leitungswasser in einen Topf, stelle ihn auf eine Herdplatte und schalte sie ein.
- Beobachte, was im Topf passiert! (Vorsicht: Verbrühungsgefahr)

Was passiert?
Zunächst steigen vom Boden des Topfes kleine Luftbläschen bis zur Wasseroberfläche auf, wo sie platzen. Mit steigender Temperatur bilden sich größere Luftblasen und das Wasser beginnt zu brodeln. Oberhalb des Topfes entsteht heißer Dampf.

Warum?
Die Wassermoleküle sind ständig in Bewegung, auch wenn du es nicht wahrnehmen kannst. Wird das Wasser erhitzt, so werden die kleinen Wasserteilchen noch lebendiger. Der wärmer werdende Topfboden heizt zunächst das Wasser im unteren Teil des Topfes auf. Das warme Wasser steigt nach oben, da es eine geringere Dichte als das kalte Wasser hat (s. Experiment 54). Die kalten und heißen Wasserschichten wechseln sich nun so lange ab, bis das Wasser gleichmäßig erhitzt ist. Die aufsteigenden Bläschen bestehen aus Luft, die in dem frischen Leitungswasser enthalten ist. Durch die Wärme in dem Wasser dehnt sich diese Luft aus. Erhitzt man das Wasser im Topf weiter, entstehen am Boden größere Bläschen, die in den oberen kälteren Wasserschichten wieder zu Wasser verdichtet werden und zerplatzen, noch bevor sie die Oberfläche erreichen. Die Bläschen werden schließlich immer zahlreicher, wandern nun bis zur Oberfläche, wo sie zerplatzen.

Hat das Wasser eine bestimmte Temperatur, den Siedepunkt erreicht, bewegen sich die Wasserteilchen so schnell, dass sie verdampfen und in den gasförmigen Zustand übergehen.

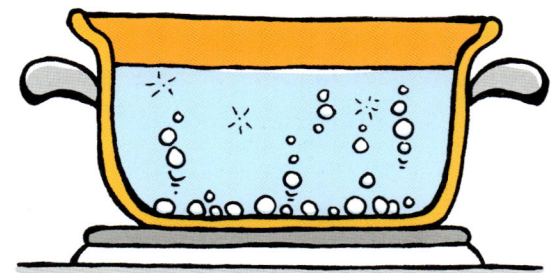

26. Sprudel-Bläschen
Wie kommen die Bläschen in den Sprudel?

Du brauchst...
- Stilles Mineralwasser oder Leitungswasser
- Sprudelwasser
- 2 Gläser

So geht's:
- Fülle in ein Glas Sprudelwasser, in das andere stilles Mineral- oder Leitungswasser.
- Stelle die Gläser nebeneinander auf den Tisch und beobachte sie.

Was passiert?

Im Sprudelwasser steigen viele kleine Gasbläschen von unten nach oben an die Wasseroberfläche auf. Im stillen Mineral- bzw. Leitungswasser befinden sich keine oder nur sehr wenige Bläschen.

Warum?

Zur Herstellung von Sprudelwasser wird stilles Mineralwasser mit einem Gas, dem Kohlenstoffdioxid, angereichert. Dieses Gas, das sich mit den Wassermolekülen zu Kohlensäure verbindet, wird unter Druck in Sprudelflaschen eingefüllt, die dann sofort verschlossen werden. Je höher der Druck, desto mehr Kohlenstoffdioxid ist im Wasser löslich und umso mehr sprudelt das Wasser hinterher. Und wenn du die Flasche öffnest, entweicht das Gas in Form von vielen kleinen Bläschen. Der Druck innerhalb der Flasche nimmt ab - daher auch das zischende Geräusch beim Öffnen.

27. Durchsichtige Eiswürfel
Kann Eis Luftbläschen enthalten?
Bitte hierbei einen Erwachsenen um Hilfe!

Du brauchst...
- Frisches Leitungswasser
- 1 Thermoskanne
- 2 leere Alubecher von Teelichtern
- 2 Selbstklebe-Etiketten
- 1 Filzstift
- Frischhaltefolie
- 1 Lupe

So geht's:
- Bitte einen Erwachsenen, Leitungswasser abzukochen (2 bis 3 Minuten Kochzeit). Lass dieses Wasser eine Minute abkühlen und gieße es dann in eine Thermoskanne, die du verschließt. Warte, bis das Wasser nicht mehr ganz so heiß ist.
- Schreibe auf ein Etikett „frisch", auf das andere „abgekocht" und klebe jeweils eines der beiden Etiketten an den Außenrand der leeren Alubecher. Fülle in den Alubecher mit der Aufschrift „frisch" Leitungswasser und in den anderen das abgekochte Wasser aus der Thermoskanne.
- Decke beide Alubecher vorsichtig mit Klarsichtfolie ab.
- Stelle die beiden Becher über Nacht ins Gefrierfach.
- Hole die beiden Becher aus dem Gefrierfach, löse die Eiswürfel aus der Form und betrachte sie mit einer Lupe.

Was passiert?

Eiswürfel aus abgekochtem Wasser sind klarer als die aus frischem Leitungswasser, die in der Mitte „trüb" wirken. Betrachtest du diese „Trübung" unter der Lupe, erkennst du kleine Luftbläschen.

Warum?

Im abgekochten Wasser ist nur noch sehr wenig gelöstes Gas vorhanden. Das kalte, frische Leitungswasser enthält hingegen mehr Gase (Luft). Zudem wird das abgekochte (luftarme) Wasser in der Kanne luftdicht verschlossen, sodass von außen keine zusätzlichen Luftteilchen eindringen können. Aus diesem Grund sieht der Eiswürfel aus gekochtem Wasser klar aus, während der aus frischem Leitungswasser Luftbläschen enthält.

28. Platztausch
Warum dauert es so lange, volle Flaschen zu leeren?

Du brauchst...
- Wasser
- 1 Plastikflasche
- 1 Strohhalm
- Waschbecken

So geht's:
- Fülle die Plastikflasche bis oben hin mit Wasser.
- Drehe die volle Flasche auf den Kopf, sodass das Wasser herausläuft.
- Beobachte den Inhalt der Flasche.
- Fülle die Flasche erneut und stecke einen Strohhalm hinein.
- Drehe die volle Flasche auf den Kopf, sodass das Wasser herausläuft, und halte dabei den Strohhalm zwischen den Fingern fest.

Was passiert?
Ohne Strohhalm strömt das Wasser nur schwallweise aus der Flasche heraus: Nach jedem Schwall scheint das Wasser zu stoppen und eine Luftblase steigt nach oben zum Wasser im Flaschenbauch. Leert man hingegen das Wasser zusammen mit einem Strohhalm, so fließt es viel schneller und gleichmäßiger heraus.

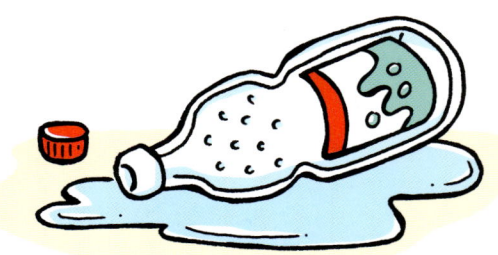

Warum?
Eine leere Flasche ist nicht leer, sondern gefüllt mit Luft (Gasen). Gießt man Wasser in die Flasche, wird diese Luft verdrängt. Kippt man die mit Wasser gefüllte Flasche aus, so fließt zwar das Wasser heraus, doch gleichzeitig strömt Luft in „Portionen" wieder hinein. Wasser und Luft tauschen abwechselnd ihre Plätze. Der Strohhalm leitet die Luft gezielter und schneller nach innen. Wasser und Luft müssen sich nicht mehr nach und nach abwechseln, sondern tauschen gleichzeitig ihre Plätze. Dadurch ist die Flasche viel schneller leer bzw. mit Luft gefüllt.

29. Festgeklebt!
Wie gut ist Wasser als Klebstoff?

Du brauchst...
- 2 Gläser
- 2 Postkarten (oder Pappe)
- 4 1€-Münzen

So geht's:
- Fülle eines der beiden Gläser randvoll mit Wasser.
- Lege die Postkarten so auf die beiden Gläser, dass jeweils eine Seite übersteht.
- Lege auf die überstehende Seite jeder Postkarte 1-2 Münzen.

Was passiert?

Die Postkarte auf dem leeren Glas fällt herunter, wenn man 1-2 Münzen darauf legt. Die Postkarte auf dem mit Wasser gefüllten Glas fällt zunächst nicht herunter, sie scheint am Wasser „festzukleben". Erst wenn du mehrere Münzen auf eine Ecke der Postkarte legst, fällt die Karte plötzlich von dem Glas herab.

Warum?

Jedes Mal, wenn unterschiedliche Stoffe aneinander „kleben", ist die Adhäsion im Spiel (s. Experiment 30). So auch zwischen dem Wasser und der Postkarte, denn die Wasser- und Papiermoleküle ziehen sich gegenseitig an. Ein dauerhafter Klebstoff ist Wasser aber nicht! Denn sobald die Wassermoleküle verdunstet sind, verliert der „Klebstoff Wasser" seine Kraft.

Adhäsion begegnet dir überall im täglichen Leben Schmutz an der Wand, Kreide an der Tafel, eine Springspinne klebt am Fensterglas, Wassertropfen, die nicht von der Fensterscheibe tropfen, sondern wie angeklebt hängen bleiben, und sogar Kontaktlinsen-Träger nutzen diese Adhäsionskräfte.

Der Gecko kann zum Beispiel kopfüber an der Decke laufen. Hierbei nutzt er den hauchdünnen Wasserfilm, der sich auf fast jeder Oberfläche befindet, sowie die Kraft der Adhäsion.

30. Der Lotus-Effekt

Warum werden manche Dinge durch Wasser nass und andere nicht?

Du brauchst...
- Wasser
- Glas
- Speiseöl
- 1 Pipette
- 1 Wattestäbchen

So geht's:
- Stelle das Glas mit der Öffnung nach unten auf den Tisch.
- Verreibe auf einer Hälfte des Glasbodens mit dem Wattestäbchen einen Tropfen Speiseöl. Achte jedoch darauf, dass die andere Hälfte ölfrei bleibt.
- Setze mit Hilfe der Pipette jeweils einen Wassertropfen auf die ölfreie und einen auf die ölbedeckte Stelle.

Was passiert?

Der Wassertropfen auf der ölfreien Stelle dehnt sich flach aus. Auf der ölverschmierten Stelle hingegen sieht der Wassertropfen ballförmig aufgewölbt aus.

Warum?

Die Form des Wassertropfens hängt von zwei verschiedenen Kräften ab, die als Kohäsion und Adhäsion bezeichnet werden.

Wasser hat die Eigenschaft, zu anderen Gegenständen quasi sehr leicht „Kontakt" aufnehmen zu können. Bei unserem Experiment mit dem Wassertropfen ist es so, dass die Wassermoleküle sehr stark von dem Glas angezogen werden; dies führt dazu, dass der Wassertropfen verläuft.

Zwischen den Molekülen von Öl und Wasser ist die Anziehungskraft, die Adhäsion, gering. Aus diesem Grunde behält ein Wassertropfen auf einer öligen Oberfläche seine Form; er perlt sozusagen ab. Kohäsion ist hingegen die Anziehungskraft zwischen den einzelnen Wassermolekülen. Und da diese bei Wasser sehr hoch ist, behält ein einzelner Wassertropfen auch seine ballartige Form.

In der Natur gibt es Pflanzen, von denen das Wasser abperlt. Die Blätter der Lotus-Blüte beispielsweise sind mit einer wachsähnlichen Substanz bedeckt, die verhindert, dass sich das Wasser auf der Blattoberfläche festhalten kann. Und dieses abperlende Wasser entfernt auch gleich sämtlichen Staub oder Schmutz von dem Blatt. Die Adhäsionskraft der Blattoberfläche ist sehr gering; es gelingt nicht, eine Verbindung zwischen Wasser und Blume aufzubauen. Die Kohäsionskraft hingegen ist bei Wassermolekülen sehr stark; daher perlt das Wasser in Tropfenform ab.

Diesen Lotus-Effekt versuchen die Wissenschaftler zu nutzen, um schmutzabweisende Oberflächen zu entwickeln. Stell dir mal vor, es gäbe ein Auto, das niemals dreckig würde. Wäre doch gar nicht so schlecht, oder?

31. „Bewässerungsanlage"
Kann Wasser in Stoff oder über eine Metallkette aufsteigen?

Du brauchst...
- Wasser
- 2 Gläser
- 1 Schachtel
- 1 langer Stoffstreifen
- 1 Kette

So geht's:
- Stelle das leere Glas auf die Schachtel.
- Fülle das andere Glas mit Leitungswasser und stelle es direkt unterhalb der Schachtel auf den Tisch.
- Hänge Kette und Stoffstreifen in das obere leere Glas und stecke die Enden unten ins Wasser.

Was passiert?

Das Wasser wandert am Stoffstreifen entlang und tropft in das leere Glas. Über die Metallkette steigt das Wasser jedoch nicht auf.

Warum?

Die Wassermoleküle durchdringen die Stofffasern und füllen die winzigen Hohlräume zwischen ihnen aus: Das Wasser „wandert" nach oben. Die Kette hingegen besteht aus Metallgliedern. Hier findet das Wasser keine Fasern, in denen es aufsteigen könnte.

Die Eigenschaft des Wassers, sich in engen Spalten oder Röhrchen auszubreiten, bezeichnet man als Kapillarkraft. Grund dafür sind Kräfte, die zwischen den Wassermolekülen und den Molekülen der Röhrenwand wirken. Die engen, lang gestreckten Spalten oder Röhrchen, in denen das Wasser hochsteigt, werden als Kapillare bezeichnet. Den Zusammenhalt der Wassermoleküle untereinander nennt man Kohäsion. Die Spannungskraft zwischen den Molekülen unterschiedlicher Materialen (z.B. flüssiges Wasser und feste Glaswand) bezeichnet man als Adhäsion (s. Experiment 30). Wenn die Kohäsion kleiner ist als die Adhäsion (Haftkraft der Wassermoleküle an der festen Wand des Röhrchens), kann Wasser in enge Räume, Röhrchen, Spalten oder Fasern hochwandern. Und je enger sie sind, desto höher steigt das Wasser.

In der Natur triffst du recht häufig auf diese Kapillarkraft, ohne es zu ahnen: So besitzen beispielsweise alle Pflanzen und Bäume Kapillare, in denen das Wasser bis zu den Blüten und Blättern transportiert wird.

32. Blumen färben
Können weiße Blumen farbig werden?

Du brauchst...
- 1 weiße Blume (z.B. Rose oder Nelke), frisch angeschnitten
- Wasser
- 1 Glas
- Tinte

So geht's:
- Gebe die Tinte in das Glas und fülle Wasser dazu.
- Stelle die Blume hinein.
- Beobachte im Verlauf der nächsten Sturden, inwiefern sich die Blume verändert.

Was passiert?
Die Blütenblätter verfärben sich langsam – sie nehmen die Farbe der Tinte an.

Warum?
Der Stängel der Blume ist von feinen Röhren, den Kapillargefäßen, durchzogen (s. Experiment 31). Mit Hilfe dieser engen Röhren steigen Wasser (und Tinte) bis zu den Blütenblättern auf. Das Wasser verdunstet und die Blütenblätter nehmen die Farbe der Tinte an.

33. Bunt ist schöner
Kann man Blumen zweifarbig einfärben?
Bitte hierbei einen Erwachsenen um Hilfe!

Du brauchst...
- 1 weiße Blume
- Wasser
- 2 Gläser
- Rote und blaue Tinte

So geht's:
- Lasse einen Erwachsenen den Blumenstängel der Länge nach halbieren.
- Fülle die Gläser mit Wasser und füge blaue bzw. rote Tinte hinzu.
- Stecke jeweils eine Hälfte des Blumenstängels in die Gläser.

Was passiert?
Nach einigen Stunden färben sich die Blütenblätter rot und blau. Die unterschiedlich farbige Tinte sucht sich ihren Weg zu den Blättern mit Hilfe der Kapillargefäße (s. Experiment 32).

34. Tropfentest
Kann man einen Tropfen mit einer Stecknadel zerstören?

Du brauchst...
- Wasser
- 1 Tasse
- 1 Teller
- 1 Stecknadel

So geht's:
- Tauche den Finger ins Wasser und lasse es vorsichtig auf den Teller tropfen.
- Nimm eine Nadel und piekse in diesen Tropfen.

Was passiert?

Taucht man mit der Nadel in den Tropfen, gibt zwar die „Wasserhaut" des Tropfens nach. Die Form des Tropfens verändert sich hierdurch jedoch nicht.

Warum?

Die Wassermoleküle in dem Tropfen halten sich untereinander ganz fest, fast schon wie Magnete, die sich gegenseitig anziehen. Ursache für den festen Zusammenhalt sind die Wasserstoffbrücken (s. Experiment 12). Sie geben dem Tropfen die kugelige Form und sind für viele weitere Eigenschaften verantwortlich. So verhält sich beispielsweise die Wasseroberfläche des Tropfens wie eine elastische Haut, die sich nicht zerstören lässt, auch wenn du mit der Nadel hinein stichst. Diese Eigenschaft des Wassers nennt man „Oberflächenspannung".

Was passiert wohl, wenn das Wasser gefriert oder verdampft?

Im gasförmigen Zustand sind die einzelnen Moleküle nicht besonders fest miteinander verbunden, vielmehr sausen sie sozusagen alleine durch die Luft.

Im flüssigen Zustand (bei einer Temperatur von 0–100 °C) sind die Wassermoleküle durch Wasserstoffbrücken miteinander verbunden.

Im gefrorenen, festen Zustand erstarrt die Bewegung der Wassermoleküle vollständig. Sie bilden nun feste Kristalle, die sich jedoch wieder auflösen, sobald das Eis zu flüssigem Wasser schmilzt.

35. Die ungewöhnliche Lesehilfe
Kann Wasser eine Lupe sein?

Du brauchst...
- 1 Stück Pappe
- Durchsichtige Plastikfolie
- 1 Schere
- 1 Zeitung
- Tesafilm

So geht's:
- Schneide aus der Pappe eine Lupenfassung aus (s. Abb.) und klebe über das Loch ein Stück durchsichtige Plastikfolie.
- Tropfe nun einen Wassertropfen auf die Folie, halte deine Lupe ganz nah über die Zeitung und schau mal, ob du etwas erkennen kannst.

Was passiert?
Der Wassertropfen wirkt wie eine Lupe, die Buchstaben der Zeitung werden vergrößert.

Warum?
Erinnerst du dich noch an den Tropfentest (Experiment 34)? Du hast erfahren, dass sich ein Wassertropfen nicht so leicht zerstören lässt, da sich die Wassermoleküle sehr stark aneinander „klammern". Ursache hierfür sind die Wasserstoffbrücken; durch sie hat der Wassertropfen die kugelähnliche Form und die „Wasserhaut". Die Oberflächenspannung hält nicht nur den Tropfen zusammen, sondern formt aus ihm eine konvexe Linse. Nach dem gleichen Prinzip funktioniert eine Lupe. Die Oberflächenspannung ist übrigens auch dafür verantwortlich, dass der Wasserläufer übers Wasser laufen kann, dass Stecknadeln und Büroklammern auf der Wasseroberfläche schwimmen und dass man auch in ein volles Glas Wasser noch etwas hineinschütten kann, ohne dass es sofort überläuft.

36. Das gierige Glas
Kann ein Glas voller sein als voll?

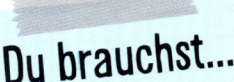

Du brauchst...
- Wasser
- 1 Glas
- Münzen
- 1 Geschirrtuch

So geht's:
- Breite das Geschirrtuch auf dem Tisch aus und stelle das Glas darauf.
- Fülle das Glas randvoll mit Wasser.
- Lasse vorsichtig eine Münze nach der anderen ins Glas fallen.

Was passiert?
Obwohl das Glas bereits randvoll war, passen noch ziemlich viele Münzen hinein, bevor es überläuft. Und wenn du dir das Glas von der Seite betrachtest, kannst du einen regelrechten „Wasserberg" über dem Glas erkennen.

Warum?
Wassermoleküle ziehen sich gegenseitig an. An der Grenzfläche zwischen Wasser und Luft, an der Wasseroberfläche, fehlen den kleinen Teilchen jedoch diejenigen „Partner-Moleküle", die sie normalerweise nach oben ziehen würden. Mit anderen Worten: Die Moleküle an der Wasseroberfläche werden nur nach unten gezogen, sodass eine „Wasserhaut" entsteht: Die Oberflächenspannung. Aus diesem Grunde kannst du auch beobachten, wie sich der Wasserspiegel über den Glasrand wölbt.

37. Die schwimmende Büroklammer
Kann eine Büroklammer auf dem Wasser schwimmen?

Du brauchst...
- Wasser
- Waschbecken oder Schüssel
- Büroklammern (oder Stecknadeln)
- 1 Pinzette

So geht's:
- Fülle das Waschbecken bzw. die Schüssel mit Wasser.
- Lege die Büroklammer mit Hilfe der Pinzette auf die Wasseroberfläche. Achte jedoch darauf, dass die Büroklammer flach bzw. waagerecht auf dem Wasser liegt.

Was passiert?

Die Büroklammer schwimmt auf der Wasseroberfläche.

Warum?

Die Büroklammer macht sich den dir nun schon bekannten Effekt der Oberflächenspannung zunutze, das heißt sie schwimmt regelrecht auf der Wasserhaut, die sich an der Grenze von Wasser zu Luft bildet.

Versuche doch einmal, herauszufinden, wie viele Büroklammern du auf der Wasseroberfläche zum Schwimmen bringen kannst, bevor die Haut des Wassers reißt.

Viele Dinge können auf einer Wasseroberfläche schwimmen, das hast du bestimmt schon selber bemerkt. So fallen im Herbst beispielsweise die Blätter von den Bäumen in den Teich und müssen mit einem Netz herausgefischt werden. Vielleicht hast du im Sommer schon mal auf einem Teich einen flitzenden Wasserläufer mit seinen langen, dünnen Beinen beobachtet? Das sind kleine Tierchen, die so leicht sind, dass sie von der Oberflächenspannung des Wassers getragen werden.

Und noch ein kleiner Tipp: Was denkst du, was geschieht, wenn du einen Tropfen Spülmittel in das Wasser fallen lässt (s. Experiment 38)? Ob das wohl einen Einfluss auf die schwimmenden Büroklammern hat?

Doch beachte!

Der Effekt der Oberflächenspannung ist nicht dafür verantwortlich, dass Schiffe, die tonnenschwer sind, auf dem Wasser schwimmen können. Sie machen sich einen anderen Effekt zunutze (s. Experiment 82).

38. Der Pfefferschreck
Kann Pfeffer in Seifenwasser schwimmen?

Du brauchst...
- Wasser
- Gemahlener Pfeffer
- 1 Glas
- Spülmittel

So geht's:
- Fülle das Glas mit Wasser und streue Pfeffer auf die Wasseroberfläche.
- Lasse einen Tropfen Spülmittel ins Glas fallen.

Was passiert?

Der gemahlene Pfeffer verteilt sich zunächst gleichmäßig auf der Wasseroberfläche. Sobald du das Spülmittel hinzufügst, bewegen sich die Pfefferteilchen blitzschnell an den Rand des Glases, ballen sich zusammen und sinken schließlich.

Warum?

Die fein gemahlenen Pfefferteilchen schwimmen zunächst dank der Oberflächenspannung auf der dünnen „Wasserhaut". Doch auch Spülmittel besteht aus vielen unterschiedlichen Molekülen, die sich einfach zwischen die Wassermoleküle drängen. Hierdurch wird die Oberflächenspannung deutlich verringert und die empfindsame Wasserhaut zerstört.

39. Aber bitte mit Seife!
Braucht man zum Waschen wirklich ein Waschmittel?

Du brauchst...
- Wasser
- 1 Esslöffel Flüssigwaschmittel oder Shampoo
- Einige Tropfen Orangensaft, Ketchup, Senf, Marmelade und Öl
- 1 Glas
- 1 Glas mit Deckel
- Stoffreste

So geht's:
- Fülle beide Gläser mit warmem Wasser.
- Schütte in das Glas mit Deckel das Waschmittel, schraube es zu und schüttle es kräftig: Es entsteht eine Wasch- bzw. Seifenlauge.
- Beflecke zwei alte Stoffstreifen mit einigen Tropfen Orangensaft, Ketchup, Senf, Marmelade und Öl.
- Tauche den einen beschmutzten Stoffstreifen in klares Wasser, den anderen in die Seifenlauge.

Was passiert?
Der schmutzige Stoffstreifen in dem Glas mit dem Waschmittel wird viel schneller sauber als der in Leitungswasser.

Warum?

Waschmittel, Shampoo und Seifen enthalten sogenannte „waschaktive Substanzen", die man auch als Tenside bezeichnet. Sie setzen die Oberflächenspannung des Wassers herab und sorgen dafür, dass sich die Schmutzpartikel im Wasser lösen können.

Man könnte auch sagen, das Wasser hat einfach keine Lust, sich mit dem öl- und fetthaltigen Schmutz abzugeben – es bleibt lieber unter sich. Und genau dafür ist die Oberflächenspannung gut: Wassermoleküle und Schmutzteilchen kommen einfach nicht zusammen.

Doch dann kommt das trickreiche Waschmittel mit seinen Tensiden:

Auch Seife oder Waschmittel besteht aus Molekülen, die jedoch über eine hervorragende, wirklich intelligente Eigenschaft verfügen: Diese Tensid-Moleküle haben eine wasseranziehende und eine wasserabstoßende Seite. Man könnte auch sagen ein Teil der Tensid-Moleküle mag das Wasser, der andere Teil nicht.

Wie praktisch, denn während die wasserabweisende Seite der Tenside die Schmutzteilchen anzieht verbindet sich die wasseranziehende Seite mit dem Wasser. Bewegst du nun die Wäsche in der Seifenlauge, so lösen sich die Schmutzteilchen von dem Stoff und schwimmen im Wasser umher.

Tenside könnte man also als eine Art „Vermittler" zwischen dem Wasser und dem Schmutz bezeichnen.

40. Super-Seifenblasen

Wie kann man Seifenblasen selbst herstellen?

Du brauchst...
- Wasser
- 1 Esslöffel Spülmittel
- 1 Prise Zucker
- 1 Strohhalm
- 1 Tasse

So geht's:
- Fülle die Tasse bis zur Hälfte mit Wasser, gib das Spülmittel hinzu und rühre gut um.
- Füge eine Prise Zucker hinzu.
- Tauche das untere Ende des Strohhalms in die Seifenlauge und puste in das obere hinein.

Was passiert?
Es entstehen kleine, schillernde Seifenblasen, die nach einiger Zeit zerplatzen.

Warum?

Wenn du mit einem Strohhalm Luft in normales Leitungswasser hineinpustest, so entstehen zwar auch kleine Bläschen, die jedoch sofort wieder zerplatzen. Die Wasserhaut, die die kleiner Luftbläschen einschließt, ist einfach zu empfindlich. Die Tensidmoleküle in dem Spülmittel sorgen dafür, dass die Wasserhaut, die sich kugelrund um die Luftblasen legt, elastischer wird. Das ist auch der Grund, warum Seifenblasen nicht so schnell zerplatzen und ziemlich groß werden können.

Der Zucker in der Seifenlauge macht die Blase haltbarer, denn er sorgt dafür, dass das Wasser ein wenig zähflüssiger wird und nicht so schnell verdunstet. Die Seifenblase „lebt" länger und platzt nicht so schnell.

Schon der Wissenschaftler Isaac Newton (1643-1727) hat sich mit dem faszinierenden Farbenspiel in den Seifenblasen beschäftigt. Doch wie kommt dieses Schillern zustande? Du kannst es zwar nicht sehen, doch jede einzelne Seifenblase besteht eigentlich aus drei Schichten: Die Wasserhaut wird innen und außen von Tensidmolekülen umhüllt. Trifft nun das Licht auf diese Seifenblase, so wird der Lichtstrahl sowohl von der äußeren als auch von der inneren Tensidschicht reflektiert. Daher leuchten die Seifenblasen in sämtlichen Regenbogenfarben. Außerdem sind die Moleküle in der Schichten ständig in Bewegung; dies verursacht das Schillern in den Seifenblasen.

Übrigens:

Auch ohne dass die Seifenblase auf ein Hindernis trifft, ist ihre Lebensdauer begrenzt: Die Wasserschicht zwischen den beiden Tensidschichten fließt langsam nach unten, sodass die Wasserschicht am oberen Ende der Seifenblase immer dünner wird und verdunstet. Die Seifenblase platzt!

41. Das etwas andere Seifenkistenrennen
Kann ein Streichholz einen Motor haben?
Bitte hierbei einen Erwachsenen um Hilfe!

Du brauchst...
- Wasser
- Streichhölzer
- Waschbecken oder Schüssel
- Seife

So geht's:
- Fülle das Waschbecken bzw. die Schüssel mit Wasser.
- Bitte einen Erwachsenen, das Ende eines Streichholzes einzukerben und ein kleines Stück Seife abzuschneiden.
- Stecke das kleine Stück Seife in die Kerbe und setze das Streichholz ins Wasser.

Was passiert?
Das Streichholz flitzt für kurze Zeit über die Wasseroberfläche.

Warum?
Die Seife am Ende des Streichholzes reduziert nur dort die Oberflächenspannung, wodurch die Wassermoleküle an dieser Stelle einen Teil ihrer Anziehungskraft verlieren. Am vorderen Teil des Streichholzes jedoch sind die Wassermoleküle nicht durch die Seife geschwächt; sie ziehen das Streichholz nach vorne.

Nach einiger Zeit hat sich die Seife jedoch im ganzen Wasser verteilt und die Flitzer bleiben stehen.

42. Spülmittel als „Vermittler"
Lassen sich Öl und Wasser miteinander mischen?

Du brauchst...
- Wasser
- Speiseöl
- Spülmittel
- 1 Glas
- 1 Esslöffel

So geht's:
- Fülle das Glas bis zur Hälfte mit Wasser.
- Schütte etwas Speiseöl hinein und verrühre die Flüssigkeiten mit dem Esslöffel.
- Füge nach einigen Minuten etwas Spülmittel hinzu.

Was passiert?
Gleichgültig, wie kräftig man rührt: Das Öl sammelt sich stets an der Wasseroberfläche an. Erst durch das Hinzufügen von Spülmittel lassen sich Wasser und Öl mischen; es entsteht eine milchige Flüssigkeit.

Warum?
Speiseöl und Wasser können sich nicht vermischen, da sie aus völlig unterschiedlichen Molekülen bestehen; dementsprechend haben Wasser und Öl auch verschiedenen Eigenschaften. So besitzt Öl beispielsweise eine geringere Dichte als Wasser, das heißt es ist leichter und schwimmt deshalb auf der Wasseroberfläche. Wasservögel fetten sich daher auch ihr Gefieder ein, damit es wasserundurchlässig wird.

Möchtest du diese beiden Stoffe dennoch miteinander vermischen, sie sozusagen überlisten, so benötigst du eine Art „Vermittler", einen Emulgator. In unserem Experiment ist es das Spülmittel, das dafür sorgt, dass sich Wasser und Öl miteinander verbinden. Gelingt dies, so bezeichnet man dieses Gemisch als Emulsion.

Du kennst ganz bestimmt noch andere Emulsionen aus deinem täglichen Leben: Trinkst du vielleicht gerne Milch? Das ist nichts anderes als eine Emulsion! Milch besteht zu einem großen Teil aus Wasser und Fett, doch ein natürlicher Emulgator sorgt dafür, dass sich Wasser und Fett in der Milch sozusagen gut vertragen.

43. Wandernde Tinte
Verhält sich Tinte in Wasser anders als in Öl?

Du brauchst...
- Wasser
- Speiseöl
- 1 Glas
- 1 Tintenpatrone

So geht's:
- Fülle Speiseöl in das Glas, sodass sein Boden daumenbreit bedeckt ist.
- Gieße Leitungswasser dazu, sodass das Glas zur Hälfte gefüllt ist.
- Stelle das Glas auf den Tisch und warte einige Minuten.
- Tropfe vier Tropfen Tinte in das Glas, möglichst auf dieselbe Stelle.

Was passiert?
Das Wasser setzt sich im unteren Bereich ab, das Öl schwimmt oben. Die Tintentropfen sinken durch die obere Ölschicht, sammeln sich an der Grenze zum Wasser und sinken nach und nach auf den Grund des Glases, wo sie das Wasser färben.

Warum?
Speiseöl und Wasser vermischen sich nicht, da beide Flüssigkeiten aus völlig unterschiedlichen Molekülen bestehen. Die Tinte ist zwar wasserlöslich, löst sich jedoch nicht im Öl. Daher durchdringt sie in Form eines Tropfens die Ölschicht und vermischt sich dann erst mit dem Wasser.

44. Der Zucker entscheidet: Wasser oder Öl?

Löst sich Zucker in Wasser oder in Öl besser auf?

Du brauchst...
- 6 Esslöffel Wasser
- 5 Esslöffel Speiseöl
- 2 Zuckerwürfel
- 2 Schälchen

So geht's:
- Gieße in das eine Schälchen Wasser, in das andere das Öl.
- Lege in jedes Schälchen ein Stück Würfelzucker; er sollte von Öl bzw. Wasser vollständig bedeckt sein. Warte fünf Minuten.

Was passiert?

Der Zuckerwürfel löst sich im Wasser langsam auf, im Öl jedoch überhaupt nicht. Aus dem in Öl getränkten Zuckerwürfel steigen später Luftbläschen auf.

Warum?

Wasser und Zucker bestehen aus ähnlichen Molekülen – sie passen gut zusammen. Die Zuckermoleküle können sich problemlos mit den Wassermolekülen vermischen. Es entsteht eine Zuckerlösung.

Beim Öl jedoch sieht das ein wenig anders aus, denn Ölmoleküle schaffen es nicht, die Zuckermoleküle voneinander zu trennen – der Würfel behält seine Form. Er wird jedoch mit Öl getränkt, da das Öl in die Hohlräume des Zuckerwürfels dringt. Die Luft, die sich vorher in diesen Zwischenräumen befunden hat und die leichter als Öl ist, steigt in Form von Luftbläschen an die Oberfläche. Der Zucker löst sich jedoch nicht auf!

45. „Saures Wasser"
Löst sich Essig besser in Wasser oder in Öl auf?

Du brauchst...
- Essig
- Wasser
- Speiseöl
- 2 Tassen
- 1 Esslöffel

So geht's:
- Fülle in eine Tasse zwei Esslöffel Wasser, in die andere zwei Esslöffel Öl.
- Gieße in jedes Gefäß jeweils einen Teelöffel Essig und rühre um.
- Stecke den Finger in die Flüssigkeiten und lecke daran.

Was passiert?
Der Essig löst sich im Wasser vollständig auf, im Öl jedoch setzt sich der Essig tropfenförmig am Boden des Glases ab. Beide Flüssigkeiten schmecken leicht sauer.

Warum?
Speiseessig ist wasserlöslich und enthält selbst auch Wasser. Essig löst sich in Öl nicht auf, da die Ölmoleküle vollkommen andere Eigenschaften besitzen als die Essigmoleküle.

46. Zwei, die sich verstehen – Rost und Salz
Wie viel Zeit braucht Eisen zum Rosten?
Bitte hierbei einen Erwachsenen um Hilfe!

Du brauchst...
- Isopropanol oder Brennspiritus aus der Apotheke zum Entfetten
- Kochsalz
- 1 Glas
- 1 Esslöffel
- Eisenwolle (Stahlwolle) aus dem Baumarkt
- Küchenpapier (weiß)

So geht's:
- Bitte einen Erwachsenen, die Stahlwolle mit Isopropanol zu entfetten und mit Küchenpapier abzutrocknen.
- Fülle Wasser in das Glas und rühre eine Prise Salz ein. Das Salz sollte sich vollständig auflösen.
- Lege ein kleines Knäuel trockene, entfettete Eisenwolle in das Salzwasser und lasse es dort ein paar Minuten liegen.
- Breite mehrere Lagen Küchenpapier auf dem Tisch aus.
- Hole die Stahlwolle heraus und lasse sie auf dem Küchenpapier abtropfen.

Was passiert?
Bereits nach wenigen Minuten bilden sich Rostflecken auf dem Küchenpapier.

Warum?
Salz beschleunigt die Rostbildung. Das entfettete Eisen reagiert schon nach kurzer Zeit mit Wasser und Sauerstoff und bildet das rötliche Eisenoxid (s. Experiment 47).

47. Rostvergleich
Lässt Wasser alle Materialien rosten?

LANGZEITEXPERIMENT!

Du brauchst...
- 5 Reagenzgläser (am besten mit Gestell und Stopfen)
- 3 Eisennägel
- Schmirgelpapier
- 1 Stück Schnur
- 1 Zinken von einer Plastikgabel

So geht's:

- Reibe die Eisennägel mit Schmirgelpapier ab, um sie zu entfetten und den Rostschutzbelag zu entfernen.
- Lege in drei der Reagenzgläser einen Eisennagel, in das vierte das Stück Schnur und in das letzte den Zinken einer Plastikgabel.
- In das erste Glas mit einem Nagel füllst du kein Wasser, in die beiden anderen gibst du Wasser bis knapp unter den Rand. Eines dieser mit Wasser gefüllten Gläser verschließt du, das andere nicht.
- Fülle auch die Reagenzgläser mit Schnur und Plastik bis knapp unter den Rand mit Wasser.
- Lasse die Reagenzgläser ein bis drei Wochen stehen und kontrolliere, ob sich irgendwo Rost bildet.

Was passiert?

Die beiden im Wasser liegenden Eisennägel rosten. Der Nagel im offenen, mit Wasser gefüllten Glas rostet stärker. Schnur und Plastik weisen keine Rostbeläge auf.

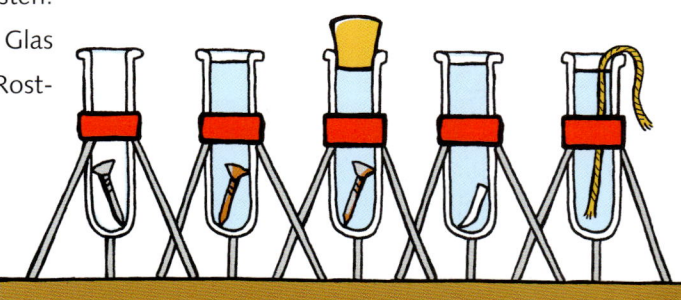

Warum?

Unsere Luft besteht zu 78% aus Stickstoff und zu 21% aus Sauerstoff. Kommt Eisen mit Sauerstoff in Verbindung, so entsteht mittels einer chemischen Reaktion ein neuer Stoff, den man als Rost bezeichnet. Kontakt mit Wasser bzw. auch hohe Luftfeuchtigkeit beschleunigen den Rostvorgang. Und weil das Wasser im offenen Reagenzglas mehr Sauerstoff aus der Luft aufnehmen kann, rostet hier der Nagel entsprechend schneller als im verschlossenen Glas. Schnur und Plastik enthalten kein Eisen (oder andere Metalle) und rostet daher nicht.

In Ländern mit geringer Luftfeuchtigkeit gibt es kaum Rostschäden (z.B. an Autos). Den Vorgang des Rostens bezeichnet man als Oxidation. Bei dieser chemischen Reaktion reagieren die Eisenmoleküle mit den Wasser- und Sauerstoffmolekülen.

48. Cola – Das perfekte Rostschutzmittel
Kann Rost auch ohne Schmirgeln wieder entfernt werden?

Du brauchst...
- Cola
- Wasser
- 2 rostige Nägel
- 2 Gläser

So geht's:
- Fülle ein Glas mit Cola, das zweite mit Wasser.
- Lege in jedes Glas einen verrosteten Nagel.
- Lasse die Nägel einige Stunden in den Flüssigkeiten liegen und schütte nach Beendigung des Experimentes beide Flüssigkeiten weg.

Was passiert?
In der Colaflüssigkeit bilden sich sofort kleine Bläschen. Der Rost am Nagel löst sich nach und nach ab, die Colaflüssigkeit nimmt eine etwas dunklere Farbe an, der Rostbelag schwimmt im Glas. Der Nagel wird dunkelgrau, doch der Rost ist verschwunden. Im Wasser rostet der Nagel dagegen munter weiter.

Warum?
Cola enthält neben Zucker und Kohlensäure auch verdünnte Phosphorsäure, die den Rost in Eisenphosphat verwandelt und den Rostvorgang stoppt. Weil sich leichte Verrostungen mit Cola entfernen lassen, polierte man damit früher Stoßstangen von Autos. Auch Rostlöser, die man im Handel kaufen kann, enthalten Phosphorsäure.

49. Rostschutz

Kann man Eisennägel im Wasser vor Rost schützen?
Bitte hierbei einen Erwachsenen um Hilfe!

Du brauchst...
- Wasser
- Isopropanol oder Brennspiritus aus der Apotheke zum Entfetten
- 1 Bleistiftspitzer aus Magnesium (im Schreibwarenhandel nachfragen oder im Internet bestellen)
- 3 lange Eisennägel (ca. 15 cm lang)
- 3 Gläser • Kupferdraht

So geht's:
- Bitte einen Erwachsenen, die Stahlklinge mitsamt Schraube vom Bleistiftspitzer zu entfernen und den Magnesiumspitzer und die Eisennägel mit Isopropanol oder Brennspiritus zu entfetten.
- Stelle einen Nagel in ein Glas.
- Wickle den Kupferdraht um den zweiten Nagel und stelle ihn aufrecht in das zweite Glas.
- Lege den Bleistiftspitzer aus Magnesium in das dritte Glas und stelle den dritten Nagel mit der Spitze ins Loch des Spitzers.
- Fülle Wasser in die drei Gläser, sodass die Nägel zu einem Drittel herausragen.
- Beobachte die Nägel circa drei Wochen lang. (Gieße in dieser Zeit das verdunstete Wasser nach.)

Was passiert?

Der mit dem Magnesiumspitzer verbundene Nagel rostet auch nach mehreren Tagen und Wochen nicht. Im Gegensatz dazu rosten die beiden anderen Nägel schon nach wenigen Stunden.

Warum?

Verbindet man bestimmte Metalle mit Eisen, opfert sich das „unedle" Metall (z.B. Zink, Aluminium, Magnesium) für das Eisen und schützt es vor dem Verrosten. Deshalb wird diese Anordnung auch Opferanode genannt. Daher werden viele Dinge aus Eisen mit Fett, Lack, Kunststoff oder Metallschichten versehen, damit sie nicht rosten. Das edlere Metall Kupfer hingegen verhindert das Rosten des Eisens nicht, vielmehr beschleunigt es den Vorgang.

50. Wasserscheu
Kann man tauchen, ohne nass zu werden?

Du brauchst...
- 1 Glas
- 1 Papierserviette
- 1 Schüssel, gefüllt mit Wasser

So geht's:
- Knülle die Papierserviette zusammen und stopfe sie in das Glas – achte darauf, dass sie nicht herausfallen kann.
- Tauche das Glas mit der Öffnung nach unten senkrecht in das Wasser und ziehe es wieder heraus.

Was passiert?
Die Papierserviette ist trocken geblieben.

Warum?
Durch die im Glas eingeschlossene Luft wird das Wasser daran gehindert, in das Glas einzudringen.

51. Taucherglocke
Wie kann man Wasserdruck sichtbar machen?

Du brauchst...
- Wasser
- 1 durchsichtige PET-Flasche
- 1 Behälter aus Glas
- 1 Spülbecken

So geht's:
- Fülle den Glasbehälter zu circa 2/3 mit Wasser.
- Drücke die offene PET-Flasche mit der Öffnung voran langsam immer tiefer ins Wasser.
- Beobachte den Wasserstand in der PET-Flasche.
- Drücke die Flasche leicht zusammen.

Was passiert?

Das Wasser steigt im Flaschenhals zunächst langsam in die Höhe. Durch das Zusammendrücken der Flasche wird der Luftdruck erhöht und drückt das Wasser wieder aus der Flasche heraus.

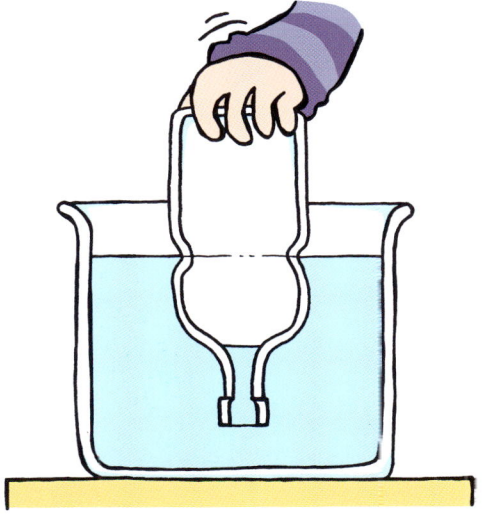

Warum?

Je tiefer die Flasche ins Wasser eintaucht, desto größer wird der Wasserdruck. Dieser drückt die in der Flasche verbliebene Luft zusammen, wodurch das Wasser im Flaschenhals hochsteigt. Beim Zusammendrücken der Flasche erhöht sich wiederum der Luftdruck in der Flasche – er wird größer als der Wasserdruck, und das Wasser muss weichen.

Nach dem gleichen Prinzip arbeiten Taucherglocken. Sie werden ins Wasser abgesenkt, wobei die Luft in der Glocke eingeschlossen wird. Je tiefer die Taucherglocke abgesenkt wird, desto mehr würde der zunehmende Wasserdruck die Luft zusammendrücken. Damit dies nicht geschieht, wird von der Oberfläche aus Druckluft in die Taucherglocke gepumpt. Somit kann kein Wasser in die Glocke eindringen.

52. Je tiefer, desto stärker
Kann man zunehmenden Wasserdruck sichtbar machen?
Bitte hierbei einen Erwachsenen um Hilfe!

Du brauchst...
- Wasser
- 1 Plastikflasche
- Paket-Klebeband
- 1 Stecknadel

So geht's:
- Bitte einen Erwachsenen, untereinander drei Löcher in die leere Wasserflasche zu bohren.
- Klebe die Löcher mit Paket-Klebeband zu.
- Fülle die Flasche mit Wasser, entferne das Klebeband und beobachte, wie sich die drei Wasserstrahlen verhalten.

Was passiert?
Das Wasser strömt aus dem unteren Loch deutlich stärker heraus.

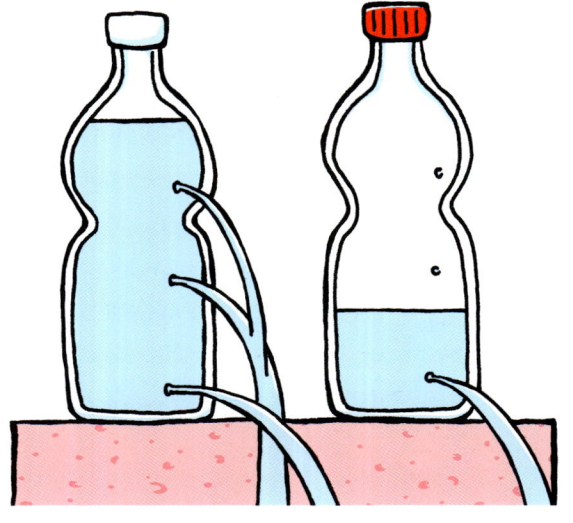

Warum?
Je tiefer das Loch, desto stärker ist der Wasserdruck in der Flasche. Aus diesem Grunde ist auch der Wasserstrahl am unteren Loch viel stärker als an den beiden Löchern weiter oben. Diese Druckveränderung merkst du auch beim Tauchen im Schwimmbad: Je tiefer du tauchst, desto mehr Druck spürst du auf deinen Ohren.

Was denkst du, geschieht wohl, wenn du zwischendurch die Flasche verschließt? Probiere es aus und du wirst sehen, dass der untere Wasserstrahl nicht versiegt. Die Luft strömt durch die anderen Löcher in die Flasche.

53. Wasser braucht Platz

Kann Wasser mal viel, mal wenig Raum einnehmen?
Bitte hierbei einen Erwachsenen um Hilfe!

Du brauchst...
- Wasser
- 1 Kerze
- Streichhölzer
- 1 Messbecher
- 1 Topf
- 3–4 Tassen

So geht's:
- Bitte einen Erwachsenen, eine Kerze anzuzünden.
- Fülle mit dem Messbecher einen Liter Wasser ab.
- Gieße das Wasser in einen Topf.
- Fülle mit dem Messbecher einen weiteren Liter Wasser ab.
- Verteile das Wasser in die Tassen.
- Puste die Kerze aus.

Was passiert?

Die abgemessene Menge an Wasser fließt in die Behälter und nimmt deren Form an. Von der Kerze steigt Rauch auf, wenn man sie auspustet. Der Rauch verteilt sich im Raum.

Warum?

Flüssigkeiten haben ein bestimmtes Volumen – das ist der Raum, den diese Flüssigkeit einnimmt. Daher wird Volumen auch als Rauminhalt bezeichnet. Eine bestimmte Menge Wasser nimmt, sofern sich Temperatur oder Druck nicht verändern, immer denselben Rauminhalt, dasselbe Volumen ein.

Das Volumen von einem Liter Wasser lässt sich (z.B. mit einem Messbecher) abmessen. Und es ist egal, in welchen Topf, Tasse oder Becher du diesen einen Liter Wasser füllst – er wird stets sein Volumen behalten. Gase hingegen wie beispielsweise der Rauch aus unserem Experiment verteilen sich durch Diffusion (s. Experiment 18) in der Luft, die den Raum ausfüllt. Und obwohl die Rauchteilchen verschwunden zu sein scheinen, sind sie weiterhin da. Sie nehmen nur sehr viel mehr Raum ein als zuvor: Der Rauch hat sein Volumen verändert.

54. Schwimm-Apfel
Kann man Äpfel oder Münzen im Wasser schwimmen lassen?

Du brauchst...
- 1 Münze
- 1 kleiner Apfel
- Wasser
- 1 Schüssel (doppelt so tief wie ein Apfel)

So geht's:
- Fülle die Schüssel zu 3/4 mit Leitungswasser.
- Lege den Apfel und die Münze auf den Boden der Schüssel.

Was passiert?
Der Apfel steigt auf und schwimmt an der Wasseroberfläche. Die Münze bleibt unten auf dem Boden der Schüssel liegen.

Die Münze in unserem Experiment hat eine wesentlich höhere Dichte als Wasser: sie sinkt. Der Apfel hingegen ist leichter als Wasser, da seine Dichte niedriger als die von Wasser ist.

Warum?
Ob ein Gegenstand im Wasser schwimmt oder sinkt, ist abhängig von seiner Dichte. Hierunter versteht man das Verhältnis von Masse zum Volumen eines Stoffes. Mit anderen Worten: Die Dichte sagt uns, wie „leicht" oder wie „schwer" ein Körper ist. So hat Beton zum Beispiel eine Dichte von circa 2.000 kg/m³, Styropor nur 20 kg/m³.

55. Dichte-Test

Wie kann man erkennen, ob eine Flüssigkeit dichter ist als Wasser?

Du brauchst...
- Sirup (z.B. Ahornsirup)
- Leitungswasser, mit Tintenpatrone gefärbt
- Salatöl
- 1 Rosine
- 1 Haselnuss
- 1 Büroklammer
- 1 hohes Glas

So geht's:
- Gieße erst etwas Sirup, dann gefärbtes Leitungswasser und anschließend Öl ins Glas.
- Lasse nun die Gegenstände ins Glas fallen und warte ab.

Was passiert?

Die Flüssigkeiten bilden Schichten und schwimmen übereinander. Die Büroklammer sinkt bis ganz nach unten, die Haselnuss und die Rosine schweben ein bis zwei „Stockwerke" höher.

Warum?

Sowohl die Flüssigkeiten als auch die Feststoffe haben unterschiedliche Dichten. Die Flüssigkeit mit der höchsten Dichte (Sirup) sammelt sich unten, die mit der geringsten Dichte (Öl) oben. Dazwischen befindet sich eine Schicht gefärbtes Wasser. Die Gegenstände sinken entsprechend ihrer eigenen Dichte: Die Büroklammer sinkt bis ganz unten. Sie besteht also aus einem sehr dichten Material. Die Rosine schwebt im Wasserbereich, die Haselnuss im Grenzbereich zwischen Öl und Wasser.

56. Wasserschichten
Hat Wasser immer dieselbe Dichte?

Du brauchst...
- Wasser
- Rote und blaue Lebensmittelfarbe
- Zerkleinerter Eiswürfel
- 1 durchsichtige Plastikwanne
- 2 kleine Plastikflaschen mit Schraubverschluss

So geht's:
- Fülle die Plastikwanne zu 3/4 mit Wasser (etwa Zimmertemperatur).
- Fülle in eine der beiden Flaschen Wasser, einen Eiswürfel und blaue Lebensmittelfarbe.
- Fülle die andere Flasche mit heißem Wasser und färbe sie mit roter Lebensmittelfarbe.
- Verschließe beide Flaschen und lege sie in die Wanne.
- Öffne die Flaschen nacheinander und drücke sie auf den Boden. Achte darauf, das Wasser in der Wanne nicht zu bewegen.

Was passiert?
Aus beiden Flaschen fließt das gefärbte Wasser. Das blaue Wasser verteilt sich auf dem Boden, das rote Wasser steigt nach oben und breitet sich dort aus.

Warum?
Die Dichte des Wassers ist nicht immer gleich, unter anderem hängt sie von der Temperatur des Wassers ab. Das blaue, kalte Wasser ist dichter, das rote, warme Wasser weniger dicht als das ungefärbte Wasser in der Wanne. Deshalb schwebt das rote Wasser nach oben, während das blaue nach unten sinkt.

57. Rohrbruch
Kann Eis Rohre sprengen?

Du brauchst...
- 1 kleine Glasflasche, randvoll gefüllt mit Wasser

So geht's:
- Stelle die Flasche bei Minustemperaturen in eine Gartenecke und lasse sie dort über Nacht stehen.

Was passiert?
Am nächsten Tag ist die Flasche zerbrochen.

Warum?

Normalerweise dehnen sich Stoffe aus, sobald sie erwärmt werden, und ziehen sich bei Abkühlung wieder zusammen. Mit anderen Worten: Je wärmer, desto niedriger die Dichte. Nicht so das Wasser - es tanzt frech aus der Reihe: Bei 4°C ist es dem Wasser vollkommen gleichgültig, ob es erwärmt oder abgekühlt wird – es dehnt sich erst einmal aus! Und wenn es gefriert, ist die Ausdehnung derart stark (circa 10 %), dass die Kraft des Eises sogar die Glasflasche sprengt. Deshalb sollte man im Winter, wenn die Temperatur unter 0°C fällt, niemals die Heizung ausstellen, da es ansonsten zu einem Rohrbruch kommen kann.

Kannst du dir vorstellen, was geschieht, wenn im Winter tagsüber Wasser in die Ritzen des Straßenasphaltes läuft und es nachts friert? Klar, das Wasser gefriert zu Eis, dehnt sich aus und sprengt regelrecht den Asphalt auf. Dies wird auch als Frostsprengung bezeichnet.

58. Eis macht sich breit
Was benötigt mehr Platz – festes Eis oder flüssiges Wasser?

Du brauchst...
- Wasser
- 1 Aluförmchen (z.B. von Teelichtern)
- 1 dünnes Stück Pappe (etwas größer als das Förmchen)
- 1 Gefrierfach

So geht's:
- Fülle das Förmchen randvoll mit Wasser.
- Lege ein dünnes Stück Pappe als Deckel darauf.
- Stelle das Förmchen ins Gefrierfach und schaue es dir am nächsten Tag an.

Was passiert?
Das Wasser ist gefroren, über den Rand des Förmchens gestiegen und hat den „Deckel" angehoben.

Warum?

Gefriert Wasser zu Eis, dehnt es sich aus und beansprucht circa 10% mehr Platz. Ursache hierfür sind die Moleküle, die in gefrorenem Eis mehr Raum einnehmen als in flüssigem Wasser. Die Wassermoleküle, die sich in flüssigem Aggregatzustand vollkommen frei bewegen können, bilden in gefrorenem Zustand ein sechseckiges, mit Hohlräumen durchsetztes Gitter.

Während das Wasser abkühlt, nimmt zwar zunächst die Dichte wie bei anderen Stoffen zu, doch bei 4°C weicht Wasser vom normalen Verhalten ab! Es erreicht hier seine maximale Dichte und beansprucht dementsprechend den geringsten Platz. Und wenn das Wasser gefriert, so nimmt die Dichte wieder ab, das heißt Wasser in Form von Eis dehnt sich weiter aus und braucht dementsprechend auch mehr Platz: Eis hat eine geringere Dichte als Wasser!

Dieses ungewöhnliche Verhalten des Wassers, sich
- beim Gefrieren auszudehnen und
- bei 4°C seine größte Dichte zu erreichen,

wird als Dichteanomalie des Wassers bezeichnet.

Die Konsequenzen, die diese Dichteanomalie für unser tägliches Leben hat, sind nicht zu unterschätzen. Diesem anomalen Verhalten des Wassers ist es zu verdanken, dass Fische im Winter in zugefrorenen Teichen überleben können, Eisberge an der Wasseroberfläche schwimmen, Wasserflaschen im Eisfach zerspringen und im Winter der Asphalt auf den Straßen aufreißt.

59. Gefahr für die Schifffahrt – Eisberge
Kann Eis auf Wasser schwimmen?

Bitte hierbei einen Erwachsenen um Hilfe!

Du brauchst...
- Wasser
- 1 Tintenpatrone
- 1 leere Wasserflasche aus Plastik (ohne Etikett)
- 1 Schere
- 1 Eiswürfelbehälter
- 1 Gefrierfach
- 1 Herd

So geht's:
- Bitte einen Erwachsenen, das obere Drittel der Flasche mit einer Schere abzuschneiden.
- Gieße Wasser in den Eiswürfelbehälter, färbe es mit Tinte aus einer Tintenpatrone ein und lasse es über Nacht gefrieren.
- Bitte einen Erwachsenen am nächsten Tag, heißes Wasser in die Flache zu gießen.
- Gebe einen gefärbten Eiswürfel in das heiße Wasser.

Was passiert?
Das gefärbte Eis schwimmt zunächst auf der Wasseroberfläche. Doch nach und nach schmilzt der Eiswürfel und das gefärbte Wasser sinkt nach unten ab.

Warum?

Die Dichte von Eis ist geringer als die von Wasser (s. Experiment 58). Daher schwimmt Eis auf dem Wasser, wobei Eisberge mit ihrer Spitze aus dem Wasser herausragen. Der größte Teil des Eisberges jedoch befindet sich unterhalb des Wasserspiegels und stellt somit ein gefährliches Hindernis für die Schiffe dar.

Meerwasser enthält durchschnittlich 3,5 % Salz. Aus diesem Grunde gefriert es erst bei tieferen Temperaturen (- 1,8°C) zu Eis. Zudem frieren Polarmeere nicht einfach wie Seen auf dem Festland zu; das ist schon ein wenig komplizierter. Zunächst bilden sich in der Nähe der Wasseroberfläche kleine Eiskristalle. Und da Eis eine geringere Dichte als Wasser hat, steigen diese Eiskristalle auf und sammeln sich an der Oberfläche, wo sie zu Körncheneis bzw. „Eisbrei" verklumpen. Wind und Wellen schieben die Eisklümpchen ständig gegeneinander, sodass sich das Eis verdichtet. Es bilden sich tellerartige, dünne Eisplatten, die als Pfannkucheneis bezeichnet werden. Ohne Seegang würde sich eine geschlossene Eisdecke bilden. Wachsen die Eisplatten zusammen, entstehen Eisschollen, die einen Durchmesser von mehreren Metern erreichen können.

Auch sie werden durch Wind und Wellen übereinander geschoben und können sich zu Packeis auftürmen. Packeis ist die am häufigsten vorkommende Art von Meereis.

Da beim Gefrieren von Meerwasser nur die Wasser- und nicht die Salzmoleküle zu Eis erstarren, bilden sich im Eis kleine Kanäle (Salzlaugenkanäle), in denen sich das Salzwasser sammelt. Und dieses Salzwasser hat einen viel höheren Salzgehalt als das ursprüngliche Meerwasser. Meereis darf man sich also nicht als massive Eisdecke, sondern eher als einen porösen Schwamm vorstellen. Erst wenn die Eisschicht eine bestimmte Dicke erreicht hat, friert sie auch auf der Unterseite an. Es bildet sich das sogenannte Säuleneis, das in Form von säulenförmigen Kristallen nach unten wächst. Da das salzhaltige Wasser schwerer ist, sinkt es nach unten ab. Das Eis selbst wird nach und nach „süßer", sein Salzgehalt sinkt, während der in den Salzwasserkanälen steigt. Das Laugenkanalsystem des Meereises ist der grundlegende Unterschied zum Süßwassereis.

60. Pfützentest

Friert eine Pfütze von oben oder von unten zu?

WINTEREXPERIMENT!

Du brauchst...
- 1 tiefe, zugefrorene Pfütze
- 1 kleiner Hammer

So geht's:
- Schlage mit dem Hammer ein Loch in eine zugefrorene Pfütze.
- **VORSICHT!** Setze hierbei eine Brille auf oder bitte einen Erwachsenen um Hilfe, da Eisstückchen in die Augen spritzen könnten.

Was passiert?

Unter der Eisdecke ist das Wasser flüssig. Nur wenn die Pfütze sehr flach ist, friert sie vollständig zu.

Merke: Nur dank der Wasseranomalie können Pflanzen, Fische und andere Wassertiere im Winter überleben!

Warum?

Wie du nun bereits weißt, erreicht Wasser seine größte Dichte bei 4°C, wird beim Gefrieren leichter und beansprucht mehr Platz. Dies bewirkt, dass das noch flüssige Wasser nach unten in Richtung Gewässergrund sinkt, während das zu Eis gefrorene Wasser an der Oberfläche bleibt. Am Gewässergrund sorgt die Wärme des Bodens dafür, dass das Wasser nicht weiter abkühlt und gefriert. Gewässer frieren demnach von oben nach unten zu. Nur wenn das Gewässer sehr flach ist, gefriert das Wasser bis zum Grund.

61. Eisberge sind „süß"
Gefriert Salzwasser bei den gleichen Temperaturen wie Süßwasser?

Du brauchst...
- Leitungswasser
- 1 Teelöffel Kochsalz
- 2 Pappbecher
- 1 Filzstift

So geht's:
- Beschrifte einen der beiden Pappbecher mit der Aufschrift „Salz".
- Fülle beide Pappbecher zur Hälfte mit Wasser.
- Rühre in den mit „Salz" beschrifteten Becher das Salz ein, bis es sich im Wasser aufgelöst hat.
- Stelle beide Becher in das Tiefkühlfach und lasse sie dort über Nacht stehen.
- Schaue das erste Mal nach vier Stunden nach, ob das Wasser schon gefroren ist, das zweite Mal nach 24 Stunden.

Was passiert?
Während das Süßwasser bereits in den ersten vier Stunden gefriert, bleibt das salzige Wasser flüssig – es gefriert überhaupt nicht.

Warum?
Ist Wasser salzhaltig, gefriert es erst bei einer tieferen Temperatur. Deshalb bleibt das salzhaltige Meerwasser auch bei Temperaturen unter 0°C noch eisfrei. Dies wird als Absenkung des Gefrierpunktes bezeichnet.

In den Meeren rund um den Nord- und Südpol (Arktis und Antarktis) schwimmen riesige Eisberge, die aus gefrorenem Süßwasser bestehen. Sie brechen von den gewaltigen Gletschern ab („kalbende Gletscher"), die sich am Südpol, aber auch im nördlichen Polarkreis (Grönland, Alaska) bilden, und stürzen ins Wasser. Zwar gibt es auch Eisberge aus sich auftürmendem Packeis, doch enthalten diese nur sehr wenig Meersalz.

Die polaren Eiskappen sind die größten Süßwasserreservoirs der Erde. Eines Tages sind findige Köpfe auf die Idee gekommen, Eisberge in zu trockene Regionen zu schleppen, um sie dort als Trinkwasser zu verwenden. Bislang wurde diese Idee zwar noch nicht realisiert, doch wer weiß…?

62. Streusalz gegen Glatteis
Kann Salzstreuen tatsächlich Glatteis verhindern?

WINTEREXPERIMENT!

Du brauchst...
- 1 Plastikteller, gefüllt mit Schnee
- Streusalz

So geht's:
- Drücke draußen den Schnee auf dem Teller fest und lasse ihn bei Temperaturen weit unter 0°C über Nacht draußen stehen.
- Gebe Streusalz auf den gefrorenen Schnee.

Was passiert?
Der gefrorene Schnee taut an der Oberfläche an und gefriert nicht mehr.

Warum?
Die Erklärung des Phänomens, wieso Salz Glatteis verhindert, ist nicht ganz so leicht: Salzwasser gefriert nicht bei 0°C, vielmehr senkt es den Gefrierpunkt von Wasser herab (s. Experiment 61). Steht Eis unter Druck, schmilzt es (s. Experiment 71). Auch das Eis auf den Straßen wird einem Druck ausgesetzt: dem Luftdruck! Hierdurch befindet sich auf dem Eis stets ein feiner Wasserfilm. Das Salz löst sich in diesem dünnen Wasserfilm auf. Es verhindert, dass sich die Wassermoleküle in einem festen Gitter ausrichten, Kristalle bilden und zu Eis gefrieren. Jedes Mal, wenn Salz in Wasser gelöst wird, entzieht dies dem Wasser Wärme, also Energie. Und da der Luftdruck weiterhin besteht, wird ein Prozess in Gang gesetzt, bei dem permanent Eis schmilzt und sich das Salz in diesem Wasser löst: Das Glatteis verschwindet!

Bei -21,6°C ist jedoch eine Grenze erreicht. Unterhalb dieser Temperatur hilft auch das Salz nicht mehr gegen Glatteis.

63. Schmelzbefehl

Was bringt Eis besser zum Schmelzen: Sand oder Salz?

Du brauchst...
- 2 Eiswürfel
- 1/2 Teelöffel Sand
- 1/2 Teelöffel Salz
- 2 Untertassen
- Kühlschrank

So geht's:
- Lege auf die beiden Untertassen jeweils einen Eiswürfel.
- Streue auf den einen Eiswürfel Sand, auf den anderen Eiswürfel Salz.
- Beobachte, was mit den beiden Eiswürfeln geschieht.

Was passiert?

Der Eiswürfel, der mit Salz bestreut wurde, schmilzt wesentlich schneller als der mit Sand bedeckte Eiswürfel.

Warum?

Sand ist nicht wasserlöslich und kann deshalb das Eis nicht zum Schmelzen bringen. Das aufgestreute Salz hingegen beschleunigt den Schmelzprozess erheblich (s. Experiment 62). Und je mehr Salz im Wasser gelöst ist, desto niedriger ist der Gefrierpunkt.

64. Eisangel

Kann Wasser, wenn Salz gestreut wurde, gar nicht mehr gefrieren?

Du brauchst...
- 1 Eiswürfel
- Salz
- 1 Unterteller
- Wollfaden

So geht's:

- Lege einen Eiswürfel auf den Unterteller.
- Streue ein wenig Salz auf den Eiswürfel und lege ein Ende des Wollfadens auf diese salzige Stelle.
- Warte einige Minuten und hebe nun den Wollfaden hoch.

Was passiert?

Der Eiswürfel hängt wie ein Fisch an der Angel.

Warum?

Ist die Lufttemperatur höher als 0°C, so schmilzt der Eiswürfel. Das Salz beschleunigt diesen Prozess, da die Kochsalzmoleküle das Wasser daran hindern, Eiskristalle zu bilden. Deshalb wird das Eis an der Stelle, an der du das Salz aufgestreut hast, schnell zu flüssigem Wasser (s. Experiment 62). Doch je mehr Eis schmilzt und zu Wasser wird, desto stärker wird das Salz verdünnt. Das salzärmere Wasser friert an der Stelle, an der der Faden auf dem Eiswürfel liegt, erneut und „klebt" hierdurch den Faden am Eis fest.

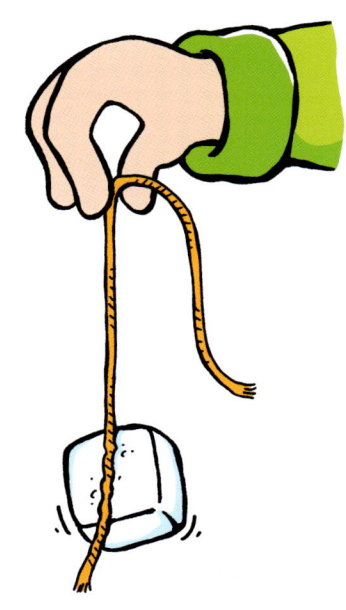

65. Wer baut den höchsten Turm?
Wie viele Eiswürfel kann man übereinander stapeln?

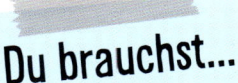

Du brauchst...
- Eiswürfel
- Salz
- 1 Teller

So geht's:
- Nimm einen Eiswürfel, lege ihn auf den Teller und streue etwas Salz darüber.
- Drücke den zweiten Eiswürfel darauf, bestreue auch diesen mit Salz.
- Verfahre so weiter mit den anderen Eiswürfeln.

Was passiert?
Die mit Salz bestreuten Eiswürfel verschmelzen miteinander.

Warum?
Das Salz bringt die Eiswürfel zunächst zum Schmelzen. Doch das entstandene „Schmelzwasser" erstarrt nach kurzer Zeit wieder zu Eis, wodurch die zwei übereinander liegenden Eiswürfel fest verbunden werden.

66. Salzeis-Kühlschrank
Kann man mit einer Kältemischung Wassereis herstellen?

Du brauchst...
- Zerkleinertes Eis
- Salz
- 1 Löffel
- 1 Metallbecher, zur Hälfte mit kaltem Wasser gefüllt
- 1 große Schüssel mit Wasser

So geht's:
- Stelle den wassergefüllten Becher in die Schüssel.
- Lege das Eis ins Wasser der Schüssel und streue Salz dazu.
- Rühre das Wasser-Eis-Salz-Gemisch um.

Was passiert?
Nach einiger Zeit ist das Wasser im Becher gefroren.

Warum?
Werden vergleichbare Mengen an Wasser und Eis gemischt, ist eine Temperatur von 0°C sehr bald erreicht. Fügst du nun noch eine entsprechende Menge Salz hinzu, so sinkt die Temperatur stetig weiter.

Salz und zerstoßenes Eis sind ein Gemisch zur Kälteerzeugung (Kältemischung).
Die Auflösung des Salzes im Eiswasser benötigt Energie, die aus der Umgebung abgezogen wird.
Zudem setzt Salz den Gefrierpunkt von Wasser herab, dem Eis wird es quasi zu heiß und es beginnt zu schmelzen. Und auch dieser Schmelzvorgang benötigt Energie, die der Umgebung „abgezapft" wird.
In beiden Fällen wird Energie benötigt – diese wird dem Wasser in Form von Wärme entzogen. Dabei kühlen die Salzlösung und ihre Umgebung um bis zu -20°C ab.

67. Lecker – Eis ohne Kühlschrank
Kann man Speiseeis mit einer Kältemischung herstellen?

Du brauchst...
- 1 Löffel Kakaopulver
- 2 Esslöffel Milch
- 1 Esslöffel Sahne
- Mehrere Eiswürfel
- Salz
- 1 Schüssel
- 1 Glas
- 1 Küchenhandtuch

So geht's:
- Verrühre Kakao, Milch und Sahne in einem Glas.
- Lege Eiswürfel in eine Schüssel und stelle das Glas mit der Kakaomischung darauf.
- Verteile eine weitere Schicht Eiswürfel rund um das Glas und bestreue sie kräftig mit Salz. (Wichtig ist, dass sich stets Eis, Salz und Salzlösung nebeneinander im Gefäß befinden.)
- Lege ein Küchenhandtuch über die Schüssel, um zu verhindern, dass Wärme von außen in die Schüssel gelangt.
- Stelle die Schüssel eine Stunde lang in einen kühlen Raum und rühre alle fünf Minuten das Glas um.

Was passiert?
Die Milch-Kakao-Sahnemischung im Glas ist zu Eiscreme gefroren.

Warum?
Das Salz bringt die Eiswürfel zum Schmelzen. Der Schmelzvorgang verbraucht jedoch Wärme. Diese Wärme holt sich das Eis aus der Kakaomischung, wodurch diese so stark abkühlt, dass sie zu Eis gefriert (s. Experiment 66).

68. Geheimnisvolle Schneeflocken
Wie sehen Schneeflocken unter der Lupe aus?

Du brauchst...
- Schneeflocken
- 1 Lupe

So geht's:
- Fange einzelne Schneeflocken auf und betrachte sie (auf einem dunklen Untergrund) mit einer Lupe.

Was passiert?
Du erkennst, dass Schneeflocken aus einzelnen Schneekristallen zusammengesetzt sind.

Warum?
Schnee entsteht, wenn sich in den Wolken bei Temperaturen von circa −15°C winzige Wassertröpfchen zum Beispiel an Staubteilchen anlagern und zu Kristallen gefrieren. Fallen die Kristalle aus der Wolke, stoßen sie mit anderen Kristallen zusammen und bilden Schneeflocken. Verblüffend ist, wie unterschiedlich die einzelnen Schneeflocken aussehen können. Nur eines haben alle gemeinsam: Sie besitzen eine sechseckige Form.

Die Inuits (Eskimos), die im Norden Kanadas sowie in Grönland leben, kennen rund 50 Wörter für die verschiedenen Schneesorten. So fällt Pappschnee beispielsweise nur bei Temperaturen um 0°C. Außer Schneekristallen enthält er Wassertröpfchen, die noch nicht gefroren sind, daher ist Pappschnee sehr nass und hat große Flocken. Pulverschnee hingegen fällt nur bei Temperaturen unter 0°C und ist leicht, trocken und feinkörnig. Was denkst du? Mit welchem Schnee würdest du lieber einen Schneemann bauen oder eine Schneeballschlacht machen?

69. Der Eskimo und sein Iglu

Schmilzt ein Mini-Iglu, in das man eine brennende Kerze stellt?
Bitte hierbei einen Erwachsenen um Hilfe!

WINTEREXPERIMENT!

Du brauchst...
- Schnee
- 1 Teelicht
- Streichhölzer

So geht's:
- Forme draußen im Garten oder auf dem Balkon aus Schnee eine kuppelförmige Höhle.
- Bitte einen Erwachsenen, das Teelicht anzuzünden, und stelle dieses in deine Höhle hinein.

Was passiert?
Es entsteht ein Mini-Iglu, das innen von der Flamme des Teelichts erwärmt wird, ohne zu schmelzen.

Warum?
Ist es draußen sehr kalt und der Abstand zwischen Flamme und Igludecke groß genug, kann die Flamme die Eisdecke nicht so stark erwärmen, dass das Eis schmilzt.

Iglus sind kuppelförmig gebaute Hütten der Inuits (Eskimos) in Grönland und Alaska. Sie werden aus Schneeblöcken gebaut und werden innen durch die Körperwärme und Lampen erwärmt, selbst wenn es draußen eiskalt und windig ist. Weil es draußen in der Umgebung des Iglus sehr kalt ist, schmilzt das Iglu nicht. Die warme Luft steigt im Iglu nach oben und sammelt sich unter der Kuppel. Die kalte Luft sinkt nach unten in die Kältegrube und strömt von dort aus über den Abzug nach draußen. Jedes Iglu braucht jedoch mehrere kleine Belüftungslöcher in der Wand, andernfalls ist die frische Atemluft schnell verbraucht.

70. Das große Gleiten
Wie bewegen sich Gletscher talwärts?

Du brauchst...
- 1 Partybecher
- Sand
- Kleine Kieselsteine
- Wasser
- 1 Brett
- 1 schwerer Stein oder eine andere stabile Unterlage
- 1 Hammer
- 1 dicker Gummiring (z.B. Einmachring)
- 1 Nagel
- 1 Gefrierfach

So geht's:
- Fülle den Becher circa 2 cm hoch mit Sand und Kieselsteinen und gieße ihn so mit Wasser auf, dass ungefähr 3/4 des Bechers gefüllt sind.
- Stelle den Becher über Nacht ins Gefrierfach oder bei Frosttemperaturen nach draußen.
- Nimm am nächsten Tag den gefrorenen Becher, fülle ihn nun bis an den Rand mit Sand, Kieselsteinen und Wasser und stelle ihn erneut ins Gefrierfach (bzw. nach draußen).
- Schlage an einem Ende des Bretts einen Nagel ein.
- Stelle das Brett auf eine stabile Unterlage, sodass das Brett einem „Abhang" ähnelt.
- Hole den gefrorenen Becher aus dem Gefrierfach und stelle ihn kurz in heißes Wasser, bis er etwas schmilzt und der gefrorene Inhalt, dein „Gletscher", aus dem Becher herausrutschen kann.
- Lege ein Gummiband um den „Gletscher", stelle ihn oben auf das Brett und befestige ihn am Nagel.

Was passiert?

Das Eis schmilzt, Sand und Kies lösen sich in Klumpen und rutschen mit dem Wasser den Abhang hinunter. An manchen Stellen bleibt eine Sand-Kies-Spur zurück, eine „Gletschermoräne".

Warum?

Eis und Sand rutschen auf dem „Abhang" nach unten. Das Schmelzwasser bildet dabei eine „rutschige" Schicht und fließt nach unten. Die Steinchen rutschen ein Stück mit, lagern sich aber, wenn sie zu schwer sind, an rauen Stellen des Bretts ab. Auch Gletscher gleiten, wenn sie schmelzen, den Gebirgshang entlang ins Tal hinab, schieben dabei Gestein und Erdreich vor sich her und lagern es unterwegs ab.

Gletscher bewegen sich so langsam in Richtung Tal, dass man es mit bloßem Auge nicht wahrnehmen kann. Diese Bewegung der Gletscher hat zwei unterschiedliche Ursachen:
1) Plastisches Fließen:
Innerhalb des Gletschers kommt es durch den hohen Druck zu Verschiebungen bei den Eiskristallen
2) Sohlgleitung:
An der Unterseite des Gletschers, der Sohle, entsteht ein enormer Druck durch die darüber liegenden Eismassen. Dieser Druck senkt den Schmelzpunkt des Eises und es bildet sich an der Grenze von Untergrund (Gestein) und Eis eine Schmierschicht aus Wasser, auf der das Eis rutschen kann. Diesen Effekt kennst du vom Schlittschuhfahren.

Das an der Sohle und den Seiten eines Gletschers eingeschlossene Gestein wird unter dem Gletscher regelrecht zermahlen. Bewegt sich ein Gletscher, nimmt er Gesteinsmaterial (Blöcke, Geröll, Sand, Ton) mit und lagert es schließlich dort ab, wo das Eis schmilzt.
Diese Ansammlung von steinigem, sandigem und tonigem Material, das durch das Eis eines Gletschers verfrachtet und abgelagert wurde, wird als Moräne bezeichnet.

Zahlreiche Gletscher dieser Erde enden im Meer, einem Fjord oder einem See. Stürzen große Stücke eines Gletschers ins Wasser, so wird dies als Gletscherkalben bezeichnet – so entsteht übrigens auch ein großer Teil der Eisberge.

71. Eis „verdrückt" sich
Reicht ein Bindfaden aus, um einen Eiswürfel zu zerschneiden?

WINTEREXPERIMENT!

Du brauchst...
- Eiswürfel
- 1 hohes Glas
- Bindfaden
- Zwei Tassen mit Henkel

So geht's:
- Drehe das Glas um und lege den Eiswürfel auf die Unterseite des Glases.
- Binde die Enden des Bindfadens an die Henkel der beiden Tassen.
- Stelle das Glas bei Minustemperaturen in den Garten bzw. auf den Balkon.
- Lege den Bindfaden so über den Eiswürfel, dass die beiden Tassen als Gewichte links und rechts herunter hängen.

Was passiert?
Bereits nach kurzer Zeit kannst du beobachten, dass der Bindfaden durch das Eis schneidet. Der Schnitt friert allerdings oberhalb des Bindfadens wieder zu, sodass der Faden tatsächlich den Eiswürfel „durchwandern" kann, ohne ihn jedoch zu zerteilen.

Nach dem gleichen Prinzip rutschen Gletscher hangabwärts: Der Druck des zu Eis gefrorenen Schnees lässt die untere Seite des Gletschers permanent schmelzen, und auf diesem Flüssigkeitsfilm rutscht der Gletscher bergab (s. Experiment 70).

Warum?
Wenn du Schlittschuh fährst, so übt das Gewicht deines Körpers einen Druck auf das Eis aus. Und wie du nun weißt, schmilzt das Eis unter Druck. Auf dem hierdurch entstehenden Wasserfilm gleitest du über das Eis.

72. Salz-Salinen
Wie kann man Salz aus Meerwasser gewinnen?

Du brauchst...
- 2-3 Teelöffel Kochsalz
- Wasser
- 1 Schälchen mit farbigen Innenwänden

So geht's:
- Gieße Wasser in das Schälchen.
- Rühre das Kochsalz ein, bis es sich ganz aufgelöst hat.
- Stelle das Schälchen in die Sonne und lasse es dort einige Tage stehen.

Was passiert?

Das Wasser im Schälchen verdunstet, nach einer gewissen Zeit ist es völlig verschwunden. Zurück bleibt eine weiße Kruste.

Warum?

Wird das Salzwasser dem Sonnenlicht ausgesetzt, erwärmt es sich, wobei das Wasser verdunstet. Das im Wasser gelöste Salz kann jedoch nicht verdunsten. Es bleibt in Form von Salzkristallen im Schälchen zurück.

20% des weltweit verbrauchten Speisesalzes wird heute aus dem Meer gewonnen. Dabei wird Meerwasser in Becken (Salinen, Salzgärten) geleitet, wo es verdunstet, wenn die Sonne darauf scheint. Das Salz bleibt zurück, kristallisiert zu einem Pulver aus und wird abgeschöpft. In den USA, Südamerika und Afrika wird Kochsalz aus ausgetrockneten Salzseen gewonnen. Auch in Bergwerken und unterirdischen Salzlagerstätten kann man Salz fördern.

73. Überschwemmungsgefahr
Steigt der Meeresspiegel an, wenn das Inlandeis am Südpol schmilzt?

Du brauchst...
- Eiswürfel
- Wasser
- 1 Schüssel
- Zahnstocher
- Wasserfester Filzstift
- Ton oder Knete

So geht's:
- Forme in der Schüssel einen Kontinent mit Bergen und flacher Küste aus Knete.
- Gieße soviel Wasser in die Schüssel, dass die Küsten deines Kontinents halb unter Wasser sind.
- Lege die Eiswürfel als Gletscher auf die Spitzen deiner Berge.
- Messe den Wasserspiegel deines Meeres, indem du einen Zahnstocher senkrecht ins Wasser hältst und den Wasserstand mit einem wasserfesten Filzstift markierst.
- Warte, bis die Eiswürfel geschmolzen sind, und messe dann noch einmal den Wasserstand.

Was passiert?
Das Schmelzwasser der Eiswürfel fließt in das Meer und erhöht den Wasserspiegel; die Küstenregionen des Landes werden überschwemmt.

Warum?

Das gefrorene Wasser (Eiswürfel) auf dem Festland (Knete) schmilzt in der Schüssel und erhöht den Wasserspiegel. Denselben Effekt findest du in der Natur, wenn beispielsweise Gletscher, die sich auf dem Festland befinden, schmelzen und das Wasser ins Meer fließt: Der Meeresspiegel steigt an. Eine Erhöhung des Meeresspiegels kann aber, wie du in diesem Experiment gut beobachten kannst, zur Überschwemmung flacher Küstengebiete führen.

Am Südpol befinden sich riesige Gletscher auf dem Festland Antarktika. Würden diese auftauen und als flüssige Wassermassen ins Meer fließen, könnte es zu einem starken Anstieg des Meeresspiegels kommen. Auch die Gebirgsgletscher beispielsweise in den Alpen, deren Schmelzwasser über Flüsse ins Meer gelangt, sowie das Inlandeis auf der Polarinsel Grönland sind von der Klimaerwärmung bedroht. Setzt sich die globale Erwärmung weiterhin fort, so besteht die Gefahr, dass Küstenregionen überall auf der Welt im Meer versinken.

Doch aufgepasst! Bislang haben wir nur von den Eismassen gesprochen, die sich auf dem Festland befinden. Die Arktis am Nordpol besteht jedoch aus riesigen, schwimmenden Eismassen – und sollten diese Eismassen schmelzen, so hätte dies keinerlei Auswirkung auf den Meeresspiegel, wie dir das nachfolgende Experiment 74 zeigen wird.

74. Meeresspiegel

Läuft ein randvoll mit Wasser und Eiswürfeln gefülltes Glas über, wenn das Eis schmilzt?

Du brauchst...
- Leitungswasser
- Eiswürfel
- 1 Glas

So geht's:
- Gib einen Eiswürfel in das Glas und fülle es randvoll mit Wasser.
- Beobachte, ob das Wasser über den Rand des Glases läuft, wenn der Eiswürfel schmilzt.

Was passiert?

Zunächst schwimmt der Eiswürfel auf der Wasseroberfläche. Nach einiger Zeit ist das Eis geschmolzen, doch das Wasser ist nicht übergelaufen.

Warum?

Gefriert Wasser, so bilden die Wassermoleküle Kristalle und ordnen sich in Form eines Sechsecks an. Wassermoleküle beanspruchen dementsprechend in gefrorenem Zustand wesentlich mehr Platz als im flüssigen Zustand: Gefriert Wasser, so dehnt es sich aus (s. Experiment 57).

Eis schwimmt auf dem Wasser, weil seine Dichte niedriger ist als die von flüssigem Wasser (s. Experiment 58). Schmilzt das Eis, löst sich seine Kristallstruktur wieder auf. Die Wassermoleküle rücken näher zusammen und brauchen weniger Platz. Es entsteht genau soviel flüssiges Wasser, wie der Eis-

würfel vorher verdrängt hat. Das Wasser im Glas läuft deshalb nicht über.

Der Meeresspiegel wird also nicht ansteigen, wenn das im Meer schwimmende Eis am Nordpol schmelzen würde. Die Eisberge und Eisschollen verdrängen nämlich genau den Rauminhalt, den sie als flüssiges Wasser benötigen.

75. Meeresströmung

Können warme Flüssigkeiten von unten nach oben steigen?
Bitte hierbei einen Erwachsenen um Hilfe!

Du brauchst...
- 1 Tintenpatrone
- Knete
- Leitungswasser
- 1 Eiswürfel
- 2 Gläser
- 1 spitze Nagelschere

So geht's:

- Umwickle eine Tintenpatrone im unteren Teil mit Knete, sodass sie schwerer wird.
- Fülle ein Glas zu 3/4 mit kaltem Leitungswasser, das andere mit heißem Leitungswasser.
- Lasse die Tintenpatrone in das heiße Wasser fallen.
- Lege in das Glas mit dem kalten Wasser einen Eiswürfel.
- Warte fünf Minuten.
- Nimm die Tintenpatrone heraus und bitte einen Erwachsenen, sie oben mit der Nagelschere anzustechen.
- Lasse sie nun in das Glas mit dem Eiswürfel fallen.

Was passiert?

Die Tinte läuft aus und steigt an die Oberfläche.

Warum?

Die Tinte in der Tintenpatrone hat sich im heißen Wasser erwärmt. Wärme beschleunigt die Bewegung der Moleküle, sodass sie sich voneinander weg bewegen. Die warme Tintenflüssigkeit ist somit weniger dicht und daher auch leichter. Das Wasser mit dem Eiswürfel ist deutlich kälter. Fällt die Patrone in das eiskalte Wasser, verteilt sich die Tinte im Wasser. Weil die Tinte aber wärmer ist als das Wasser und eine geringere Dichte hat, steigt sie nach oben. Sie „schwimmt" sozusagen auf dem kalten Wasser. Das gleiche Prinzip kannst du in größerem Maßstab in den Weltmeeren beobachten. Dort beeinflussen die kalten und warmen Meeresströmungen das Leben im Meer und das Klima der Erde.

76. Wasserverdrängung
Kann man nachweisen, dass beim Eintauchen Wasser verdrängt wird?

Du brauchst...
- Leitungswasser
- 1 großes Einmachglas
- 1 großer Kieselstein
- 1 kleiner Plastikbecher
- 1 (wasserfester) Filzstift

So geht's:
- Fülle das Einmachglas zu 3/4 mit Wasser.
- Lege den Kieselstein in den Plastikbecher.
- Lasse das „Boot" mit seiner „Ladung" im Glas schwimmen.
- Markiere an der Außenwand des Einmachglases mit einem Filzstift den Wasserstand.
- Lasse das Boot ohne Ladung schwimmen.

Was passiert?
Schwimmt das Boot ohne Ladung, ist der Wasserstand niedriger als mit Ladung.

Warum?
Wasser lässt sich nicht zusammendrücken. Vielmehr wird es zur Seite gedrängt, wenn ein Gegenstand eintaucht. Deshalb steigt der Wasserstand im Glas, wenn ein Boot mit Ladung in ihm schwimmt. Ohne Ladung verdrängt das Boot weniger Wasser, deshalb sinkt der Wasserstand im Glas, wenn du die Ladung entfernst. Wiegt jedoch die Ladung mehr als das Wasser, das beim Eintauchen verdrängt werden kann, sinkt das Boot.

77. Holz und Wasser im Gleichgewicht
Wie viel Wasser kann Holz verdrängen?

Du brauchst...
- 1 Gefäß, randvoll mit Wasser gefüllt
- 1 Waage
- 1 Stückchen Holz
- 1 Handtuch

So geht's:
- Wiege das randvoll mit Wasser gefüllte Gefäß und schreibe dir das Gewicht auf.
- Stelle das Gefäß auf das Handtuch und lege das Holzstückchen vorsichtig ins Wasser: Das Wasser läuft über.
- Wiege nun das Gefäß mit dem Holzstückchen darin.

Was passiert?
Das Gewicht hat sich nicht verändert.

Warum?
Das Holzstückchen wiegt ganz genau so viel wie das Wasser, das es verdrängt hat. Mit anderen Worten: Das Gewicht eines schwimmenden Körpers ist identisch mit dem Gewicht des von ihm verdrängten Wassers. Bereits vor über 2.000 Jahren hat der griechische Naturwissenschaftler Archimedes dieses Prinzip entdeckt (s. Experiment 78).

78. Eureka! – Das Archimedische Prinzip

Was passiert, wenn man eine volle Flasche ins Wasser drückt?

Du brauchst...

- Wasser
- 1 kleine Plastikflasche
- 2 Gummiringe
- Feste Schnur (etwa 20 cm lang)
- 1 Eimer, gefüllt mit Wasser

So geht's:

- Fülle die Flasche mit Leitungswasser und schraube sie zu.
- Befestige die Gummiringe mit der Schnur an der Flasche.
- Halte die Flasche an den Gummiringen ins Wasser und tauche sie ein.

Was passiert?

Die Gummiringe dehnen sich zunächst, weil das Gewicht der Flasche an ihnen hängt. Taucht man die Flasche ins Wasser, verkürzen und entspannen sie sich. Je tiefer die Flasche eintaucht, desto leichter kann man sie im Wasser bewegen.

Warum?

Alle Gegenstände, auch die Flasche, erfahren im Wasser einen sogenannten Auftrieb. Je weiter die Flasche eintaucht, desto mehr Wasser wird verdrängt und desto mehr Auftrieb erfährt sie. Taucht die Flasche vollständig ein, verdrängt sie ungefähr so viel Wasser, wie sie selbst enthält. Der Auftrieb und die Gewichtskraft der Flasche sind dann etwa gleich hoch. Und da die Auftriebskraft der Gewichtskraft entgegenwirkt, wird die Flasche beim Eintauchen scheinbar leichter.

Die Kraft des Auftriebs zu erklären ist eine ganz schön komplizierte Angelegenheit, da sie von mehreren Faktoren abhängig ist. Das Prinzip des Auftriebs hat der griechische Mathematiker und Naturforscher Archimedes vor über 2.000 Jahren entdeckt. Er fand heraus, dass die Auftriebskraft eines Körpers im Wasser immer so groß ist wie die Gewichtskraft der vom Körper verdrängten Flüssigkeit. Und wie Archimedes darauf kam, ist eine recht abenteuerliche Geschichte:

Ein Herrscher gab ihm den Auftrag, den Goldgehalt seiner Krone zu überprüfen, ohne sie zu beschädigen. Er hatte den Goldschmied in Verdacht, nicht nur Gold für die Krone verwendet zu haben. Lange grübelte Archimedes über diese scheinbar unlösbare Aufgabe, doch zum Glück kam ihm beim Baden eine Idee. Denn in Gedanken versunken hatte er seine Badewanne randvoll mit Wasser gefüllt. Und als er in das Wasser stieg, schwappte es natürlich über den Rand. Blitzartig erkannte er, dass die Menge des verschütteten Wassers genau dem Rauminhalt seines Körpers entsprach. Daraus folgerte er, dass eine Krone aus purem Gold eigentlich dieselbe Menge an Wasser verdrängen müsste wie ein Goldbarren, der genauso schwer ist wie die Krone. Wenn aber der Krone Silber beigemengt wurde, so müsste sie mehr Wasser verdrängen. Denn Gold, das wusste er, nimmt bei gleichem Gewicht einen kleineren Raum ein als Silber. Und tatsächlich konnte er auf diese Art nachweisen, dass dem Gold in der Krone Silber beigemischt war, denn die Krone verdrängte mehr Wasser als der Goldbarren. Den Goldschmied hatte er als Betrüger entlarvt und ganz nebenbei hatte er das Archimedische Prinzip entdeckt:

Jeder Körper, der in eine Flüssigkeit eingetaucht wird, verliert anscheinend einen Teil seines Gewichtes. Die Ursache hierfür liegt in der Auftriebskraft, die der Gewichtskraft entgegenwirkt. Und diese Auftriebskraft entspricht der Gewichtskraft der vom Körper verdrängter Flüssigkeitsmenge.

„Eurêka!" („Ich hab's!") soll er nach seiner Entdeckung ausgerufen haben.

79. Rosinentanz
Können Rosinen im Wasser schwimmen?

Du brauchst...
- Mineralwasser (kohlensäurehaltig)
- 1 Glas
- 1 Teelöffel Rosinen

So geht's:
- Fülle das Glas zu 3/4 mit Mineralwasser.
- Gebe einen Teelöffel Rosinen hinein.

Was passiert?

Zunächst sinken die Rosinen auf den Boden des Glases, danach steigen sie wieder nach oben. Doch da bleiben sie nicht lange, denn sie sinken sofort wieder... Die Rosinen führen einen regelrechten „Tanz" im Wasserglas auf!

Warum?

Die Rosinen gehen unter, weil ihre Dichte größer ist als die des Wassers. Lagern sich jedoch Gasbläschen (des Sprudels) an der Rosine an, so erfährt sie einen Auftrieb und steigt wieder nach oben.

Rosine und Gasbläschen werden nicht länger wie zwei unterschiedliche Dinge angesehen, sondern die „Rosinen-Gasbläschen-Kombination" wird behandelt, als würde sie nur aus einem einzigen Teil bestehen: Daher spricht man auch von der mittleren Dichte eines Körpers. Das ist nichts anderes als ein durchschnittlicher Wert der Dichte von Rosine und Gasbläschen. Durch die Gasbläschen steigt also das Volumen der „Rosinen-Gasbläschen-Kombination" an und die Dichte nimmt dementsprechend ab. Ein größeres Volumen bedeutet mehr Auftrieb, da mehr Wasser verdrängt wird.

Sobald die Gasbläschen jedoch an der Wasseroberfläche platzen, hat die Rosine, die ja nun wieder „solo" ist, wieder ihre ursprüngliche Dichte: Sie sinkt und das Ganze fängt wieder von vorne an.

80. Von Orangen und Schwimmreifen
Wie funktioniert ein Schwimmreifen?

Du brauchst...
- 1 Orange
- 1 Schüssel, gefüllt mit Wasser

So geht's:
- Lege die Orange ins Wasser und lasse sie schwimmen.
- Hole die Frucht wieder heraus und schäle sie.
- Lege sie geschält wieder ins Wasser.

Was passiert?
Die geschälte Frucht geht unter.

Warum?
Ungeschälte Orangen sind von einer lufthaltigen Schale umgeben. Ihre Dichte ist geringer als die des Wassers, deshalb kann die ungeschälte Frucht auf dem Wasser schwimmen. Entfernt man die Schale, erhöht sich die mittlere Dichte der Orange, obwohl das Gewicht der Orange abnimmt.

Die lufthaltige Orangenschale und die mit Luft gefüllten Schwimmflügel an den Ärmchen haben eine ähnliche Wirkung wie die Gasbläschen, die sich an der Rosine anlagern (s. Experiment 79). In beiden Fällen nimmt das Volumen zu, während die mittlere Dichte soweit abnimmt, dass sie unterhalb der Dichte des Wassers liegt: Der zusätzliche Auftrieb sorgt dafür, dass sowohl ungeschälte Orangen als auch Kinder mit Schwimmflügelchen nicht untergehen.

81. Der temperamentvolle Luftballon
Sinken Steine, Korken oder Luftballons?

Du brauchst...
- Wasser
- 1 Kieselstein
- 1 Korken
- 2 Luftballons
- 1 Schüssel

So geht's:
- Fülle die Schüssel mit Wasser.
- Werfe den Kieselstein, den nicht aufgeblasenen Luftballon und den Korken ins Wasser.
- Blase den zweiten Luftballon ein wenig auf und knote ihn zu.
- Drücke den aufgeblasenen Luftballon unter Wasser.

Was passiert?

Der Stein geht unter und bleibt am Boden des Gefäßes liegen. Auch der (nicht aufgeblasene) Luftballon sinkt, während der Korken auf der Wasseroberfläche schwimmt. Den aufgeblasenen Luftballon kannst du zwar ins Wasser tauchen, doch widerspenstig wie er nun mal ist, strebt er mit aller Macht zurück an die Wasseroberfläche.

Warum?

Der Stein hat eine höhere Dichte als Wasser und geht deshalb unter. Der Korken hat eine geringe Dichte als Wasser und schwimmt auf der Wasseroberfläche. Der Luftballon jedoch kann nur dann auf dem Wasser schwimmen, wenn er mit Luft gefüllt ist.

Eine unsichtbare Kraft drückt den „Kleinen Schwimmer" einfach immer wieder nach oben - diese Kraft wird als Auftrieb bezeichnet.

Du kennst das bestimmt: Im Wasser hast du das Gefühl, fast schwerelos zu sein; es ist beinahe so, als hättest du plötzlich viel weniger Gewicht, obwohl das natürlich nicht stimmt. Dieses wirklich coole Gefühl hast du dem Auftrieb zu verdanken, der der Gewichtskraft entgegenwirkt. Und der Auftrieb, den ein Gegenstand im Wasser erhält, ist genau so groß wie das Gewicht der verdrängten Flüssigkeit. Doch für den Auftrieb ist nicht nur die Dichte des Gegenstandes wichtig. Eine entscheidende Rolle spielt zudem die Form (s. Experiment 82).

82. Das wundersame Knetboot

Hängt es allein vom Gewicht ab, ob ein Gegenstand im Wasser untergeht?

Du brauchst...
- Knetmasse
- 1 Waschbecken, gefüllt mit Wasser

So geht's:

- Forme aus der Knetmasse zwei gleich große Kugeln.
- Knete aus einer Kugel ein Boot.
- Setze die Knetkugel und das Knetboot auf das Wasser im Waschbecken.

Was passiert?

Die Knetkugel sinkt, das Knetboot hingegen schwimmt.

Warum?

Knete besteht aus einem Material, das eine größere Dichte hat als Wasser: Sie sinkt, weil sie nicht in der Lage ist, ausreichende Mengen an Wasser zu verdrängen.

Obwohl das Knetboot dasselbe Gewicht hat wie die Kugel, verdrängt es aufgrund seiner Form wesentlich mehr Wasser und kann daher schwimmen.

Nun verstehst du bestimmt auch, warum fast alle Schiffe dieser Welt eine ähnliche Form aufweisen: Durch eine geschickte Formwahl wird erreicht, dass ein Schiff soviel Wasser verdrängt, dass es schwimmen kann, obwohl es Tausende von Tonnen wiegt. Und es ist in der Lage, zusätzlich Fracht aufzunehmen – die verdrängte Wassermasse entspricht dann der des Bootes plus der Ladung.

83. Das Alu-Boot

Schwimmt eine eingewickelte Münze genauso gut wie eine Münze in einem Alu-Boot?

Du brauchst...
- Alufolie
- 1 Schere
- 2 1-Cent-Münzen
- 1 Waschbecken, mit Wasser gefüllt

So geht's:
- Schneide aus Alufolie zwei gleich große Rechtecke aus (circa 7 x 9 cm).
- Forme aus einem Stück Alufolie ein Boot und lege eine Münze hinein.
- Wickle das zweite Stück Alufolie ganz fest um die zweite Münze.
- Setze das Boot und die eingewickelte Münze auf das Wasser im Waschbecken.

Was passiert?
Das Boot mit der Münze schwimmt auf dem Wasser. Die eingewickelte Münze sinkt.

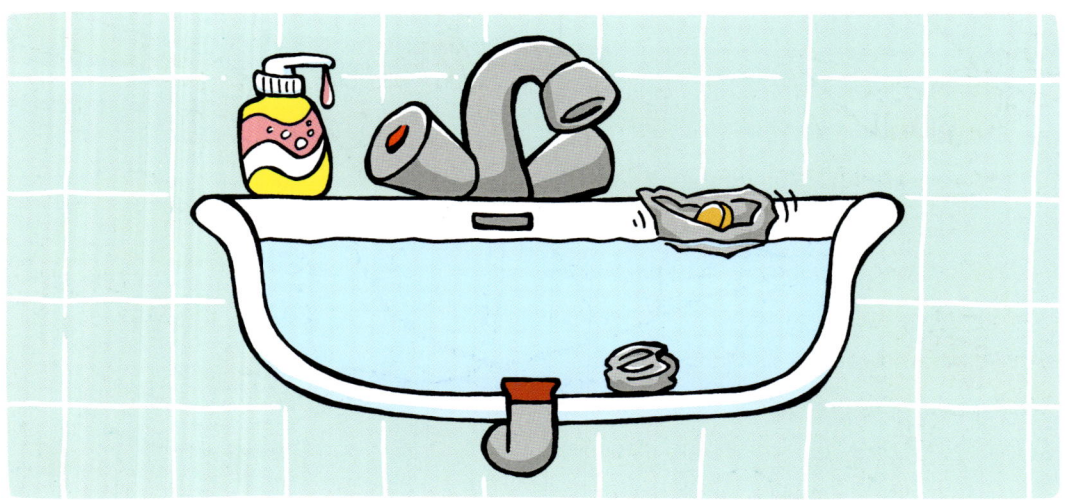

Warum?

Ob ein Gegenstand sinkt oder schwimmt, hängt nicht nur von dem Gewicht und seiner Dichte ab, sondern auch von seiner Form und dem damit verbundenen Auftrieb im Wasser: Bei gleichem Gewicht ermöglicht eine größere, sinnvoll gewählte Form eine höhere Wasserverdrängung und somit mehr Auftrieb (s. Experiment 82).

Schiffbauingenieure müssen bei der Konstruktion von Schiffen auf eine ausreichende Stabilität des Schiffsrumpfes achten, damit dieser die Belastungen, die durch Wellengang, Wasserdruck und Ladungsgewicht entstehen, aushalten kann.

Manchmal ist es also sinnvoller, ein kleineres Schiff zu bauen, dass stabiler ist und mehr Gewicht zuladen kann.

Möchtest du einmal ausprobieren, wie dieses Prinzip funktioniert, so bastele dir doch einfach Papierschiffchen unterschiedlicher Größe, belade sie mit Gegenständen und beobachte, was geschieht. Wetten, dass die großen Papierschiffe schneller in der Mitte einknicken und sinken als die kleinen Schiffe!

84. Bergung eines Wracks

Gibt es einen Trick, wie man ein gesunkenes Wrack leichter bergen kann?

Du brauchst...
- 1 leere Glasflasche
- 1 dünner Schlauch (z.B. aus dem Aquarienhandel)
- 1 Badewanne (mit Wasser gefüllt)

So geht's:
- Drücke die leere Flasche auf den Boden der Badewanne und lasse sie dort unten liegen.
- Führe ein Ende des Schlauchs in den Flaschenhals und halte das andere Ende in die Luft.
- Blase nun in den Schlauch.

Was passiert?
Die Flasche steigt nach oben.

Warum?

Wenn du in den Schlauch pustest, gelangt Luft in die Flasche und verdrängt das darin enthaltene Wasser. Weil Luft weniger dicht ist als Wasser, wird die luftgefüllte Flasche sozusagen „leichter" (das heißt ihre mittlere Dichte nimmt ab) und sie steigt auf. Manchmal versucht man bei der Bergung von gesunkenen Schiffen, Luft (Gas) ins Wrack zu pumpen und es dadurch nach oben zu treiben.

Ein U-Boot kann alles: sinken, schweben, schwimmen und auftauchen – wann immer der Kommandant es befiehlt. Hast du dich schon einmal gefragt, wie ein U-Boot das schafft?

Da ein U-Boot weder seine Größe noch seine Form verändern kann, hängt sein Verhalten im Wasser von dem Verhältnis zwischen Auftrieb und Gewichtskraft ab. Findige Ingenieure konstruierten sogenannte Ballasttanks, die nach Bedarf mit Wasser oder Luft gefüllt werden können. Geht ein U-Boot auf Tauchfahrt, so muss sein Gewicht so weit erhöht werden, dass es schwerer als das verdrängte Wasser ist. Zu diesem Zweck werden die Ballasttanks mit Wasser geflutet: Der Auftrieb ist kleiner als die Gewichtskraft.

Zum Auftaucher wird Druckluft (komprimierte Luft) in die Ballasttanks geblasen („Anblasen"), die das Wasser aus den Tanks hinausdrückt: Der Auftrieb ist größer als die Gewichtskraft.

Und soll das U-Boot schweben, so muss das Gewicht von Boot und Ballasttank zusammen dem Gewicht des verdrängten Wassers entsprechen: Der Auftrieb ist somit genauso groß wie die Gewichtskraft.

85. Tanzende Teufel
Kennst du die Flaschenteufelchen?

Du brauchst...
- Wasser
- Hydrosteine
- 1 PET-Flasche
- Plastiktüte

So geht's:
- Fülle die Flasche bis an den Rand mit Wasser.
- Zerkleinere die Hydrosteine, indem du sie in die Tüte gibst und draußen auf festem Boden zertrittst (3-5 mm große Stücke).
- Gebe die zerkleinerten Hydrosteine in die Flasche und verschließe sie. Achte darauf, dass keine Luftblasen mehr zu sehen sind.
- Drücke fest auf die Flasche.

Was passiert?
Die Hydrostein-Stückchen schwimmen zunächst im oberen Teil der Flasche. Drückst du auf die Flasche, sinken sie langsam nach unten. Lässt du die Flasche los, steigen sie wieder auf.

Warum?

Indem du die Flasche zusammenpresst, erhöhst du den Druck innerhalb der Flasche. In den Hydrosteinen befinden sich kleine Hohlräume, die mit Luft angefüllt sind. Durch den erhöhten Druck in der Flasche wird diese Luft zusammengedrückt, das Wasser breitet sich in den Hohlräumen weiter aus – die Hydrosteine werden schwerer und sinken. Lässt der Druck auf die Flasche nach, „erobert" sich die Luft ihren Raum wieder zurück und die Hydrosteine steigen wieder auf.

Unser Flaschenteufelchen wird auch als Kartesischer Taucher bezeichnet. Du kannst sehr viele Gegenstände als Flaschenteufelchen verwenden: Orangenschalen, abgeschnittene Streichholzköpfe, Schaumstoff ... Voraussetzung ist nur, dass sich in dem Gegenstand kleine Hohlräume befinden, in denen das Wasser die Luft verdrängen kann, sobald der Druck auf die Flasche erhöht wird. Luft lässt sich immer viel leichter zusammendrücken als Wasser. Der Name Flaschenteufel kommt übrigens von einem Glasspielzeug in Form eines kleinen Teufels der mit einer Öffnung versehen ist, durch die das Wasser in den hohlen Glaskörper dringen kann.

FLASCHENTEUFEL ODER KARTESISCHER TAUCHER

HOHLRAUM MIT LUFT

ÖFFNUNG FÜR WASSER

86. Der widerspenstige Ball
Woher kommt die Auftriebskraft?

Du brauchst...
- 1 Tischtennisball
- 1 Trichter
- 1 Krug mit Leitungswasser
- 1 Spülbecken

So geht's:
- Lege den Tischtennisball in den mit Wasser gefüllten Krug. Da er mit Luft gefüllt ist, schwimmt er auf der Wasseroberfläche.
- Lege nun den Tischtennisball in den Trichter und halte den Ball mit einem Finger am Trichterboden fest.
- Halte Trichter und Ball über das Spülbecken und lasse Wasser in den Trichter laufen. Das eingegossene Wasser fließt teilweise durch die Trichteröffnung ab.
- Lasse den Ball los, wenn der Trichter mit Wasser gefüllt ist.

Was passiert?
Im Trichter bleibt der Tischtennisball unten; er steigt nicht an die Wasseroberfläche.

Warum?
Der Druck des Wassers im Trichter, der von oben auf dem Tennisball lastet, ist größer als der Auftrieb. Da das Wasser unten aus dem Trichter abfließt, kann es den Tennisball nicht nach oben drücken. Ohne den Wasserdruck von unten kann der Ball aber nicht aufsteigen, ihm fehlt der Auftrieb. Außerdem entsteht durch das nach unten abfließende Wasser ein Sog, der den Ball zusätzlich am Boden hält. Nur wenn du Wasser eingießt und dabei die Trichteröffnung zuhältst, sodass das Wasser nicht abfließen kann, steigt der Ball wieder an die Oberfläche.

87. Das gesunkene Ei

Schwimmt ein Ei in Salzwasser besser als in Leitungswasser?

Du brauchst...
- 1 rohes Ei
- Kochsalz
- 1 Löffel
- 1 Einmachglas, mit Wasser gefüllt

So geht's:
- Lege das Ei in das Wasser und lasse es bis zum Boden sinken.
- Streue löffelweise Salz in das Glas und rühre vorsichtig um, bis es sich aufgelöst hat.

Was passiert?

In reinem Leitungswasser sinkt das Ei auf den Boden des Einmachglases und bleibt dort liegen. Löst du jedoch Salz im Wasser auf, steigt das Ei nach oben und schwimmt an der Oberfläche.

Warum?

Das Ei hat eine höhere Dichte als Leitungswasser, es ist „schwerer" und sinkt deshalb. Streut man Salz ins Wasser, entsteht Salzwasser, das eine höhere Dichte hat als das Ei. Das Ei schwimmt. Hast du schon einmal im Meer gebadet? Dann ist dir bestimmt schon aufgefallen, dass das Schwimmen im salzigen Wasser nicht so anstrengend ist.

88. Das schwebende Ei
Kann ein Ei im Wasser schweben?

Du brauchst...
- Leitungswasser
- Kochsalz
- 1 rohes Ei
- 1 Löffel
- 1 großes Marmeladenglas

So geht's:
- Verrühre 5 Esslöffel Salz und 1/2 Liter Wasser.
- Fülle das Marmeladenglas zur Hälfte mit diesem Salzwasser.
- Gebe vorsichtig mit dem Esslöffel Leitungswasser auf das Salzwasser. Achte dabei darauf, dass sich die beiden Flüssigkeiten nicht vermischen.
- Lege ein Ei in das Glas.

Was passiert?
Das Ei schwebt in der Mitte des Marmeladenglases im Wasser.

Warum?
Da Salzwasser eine höhere Dichte als Leitungswasser hat, bleibt es im unteren Bereich des Glases. Das Leitungswasser hingegen „schwimmt" oben und vermischt sich nur in einem Übergangsbereich mit der Salzlösung. Das Ei schwebt in diesem Übergangsbereich, denn es hat eine höhere Dichte als das Leitungswasser. Deshalb sinkt es ein Stück ab, wird jedoch vom Salzwasser „getragen", das eine noch höhere Dichte hat als das Ei.

89. Bau dir deinen eigenen Wasserkreislauf
Kann man den Wasserkreislauf „im Kleinen" nachbauen?

Du brauchst...
- Kies oder Hydrosteine
- Sand
- Gartenerde
- 1 großes Glas (z.B. Einmachglas)
- 1-2 Pflanzen (mit Wurzeln)
- 1 leeres Filmdöschen
- Frischhaltefolie

So geht's:
- Fülle Kies bzw. Hydrosteine, Sand und Gartenerde in das Glas ein.
- Setze die Pflanzen in die Erde und gieße sie ein wenig.
- Grabe das leere Filmdöschen in die Erde ein und fülle es mit Wasser.
- Verschließe das Glas mit der Frischhaltefolie und stelle dein „Mini-Treibhaus" an einen sonnigen Platz.

Was passiert?
Durch die warmen Sonnenstrahlen verdunstet das Wasser in dem Glas und steigt als Wasserdampf nach oben. Auf dem Glasrand und der Frischhaltefolie schlägt sich das Wasser in Form von kleinen Tröpfchen nieder, es kondensiert. Diese Tröpfchen „regnen" auf deine Pflanzen, versickern im Erdreich und der Kreislauf beginnt von vorne.

Warum?
Der Motor des Wasserkreislaufes auf der Erde ist die Sonneneinstrahlung. Gewaltige Mengen an Wasser werden jedes Jahr bewegt. Eine wichtige Rolle kommt in diesem Kreislauf den Wäldern zu, wobei insbesondere der Tropische Regenwald das Klima der Erde beeinflusst. Regenwälder, die man hauptsächlich in feuchtheißem, tropischem Klima findet, machen quasi nicht nur ihren eigenen Regen, sondern bilden zudem Regenwolken für weit entfernte Gebiete; sie sind wichtig für ein stabiles Weltklima. Du hast bestimmt schon mal gehört, dass die Abholzung der Regenwälder beispielsweise im Amazonasgebiet in Südamerika katastrophale Folgen für unser Klima hat. Auch sind die dort beheimateten Tier- und Pflanzenarten bedroht und der vorher fruchtbare Boden wird in Folge des tropischen Regens weggeschwemmt (Erosion).

90. Wasser auf der Rundreise

Was passiert in einer Wolke, wenn es regnet?
Bitte hierbei einen Erwachsenen um Hilfe!

Du brauchst...
- Eiswürfel aus dem Gefrierfach
- 1 Topf, mit Wasser gefüllt
- Kochplatte
- 1 Topfdeckel
- 2 Topflappen

So geht's:
- Bitte einen Erwachsenen, das Wasser im Topf auf einer Herdplatte zum Kochen zu bringen und ihn anschließend von der Herdplatte zu nehmen.
- Fülle den Topfdeckel für einige Minuten mit Eiswürfeln.
- Bitte einen Erwachsenen, den durch das Eis gekühlten Topfdeckel mit Hilfe der Topflappen über das dampfende Wasser zu halten.
- Beobachte die Unterseite des Deckels.

Was passiert?
Der heiße Wasserdampf steigt bis zum Deckel empor. Dort bilden sich Wassertropfen, die zurück in den Topf fallen.

Warum?

Der Dampf kühlt an dem kalten Topfdeckel ab, es bilden sich Wassertropfen. Dieser Vorgang wird als Kondensation bezeichnet, also der Übergang vom gasförmigen in den flüssigen Zustand. In der Natur ist es so: Die Wärme der Sonnenstrahlen führt dazu, dass Wasser noch schneller verdunstet und als Wasserdampf aufsteigt. Die mit zunehmender Höhe kühler werdenden Luftschichten wirken ähnlich wie der Topfdeckel: Der aufgestiegene Wasserdampf wird abgekühlt, er kondensiert und es bilden sich Wolken. Werden diese zu schwer, regnet es.

Wolken entstehen aus Wasserdampfteilchen, die in der Luft zu vielen winzigen Wassertröpfchen kondensieren. Erkaltet eine Wolke sehr rasch, dann entstehen keine Wassertropfen, sondern Eiskristalle, die sich zu Flocken zusammenfinden und als Schnee zur Erde rieseln.

Das Wasser auf der Erde befindet sich in einem ständigen Kreislauf. Es verdunstet, steigt als Wasserdampf in höhere Luftschichten auf, kühlt ab und bildet Wolken. Das Wasser gelangt in Form von Regen, Hagel, Nebel oder Schnee wieder auf die Erdoberfläche zurück. Ein großer Teil verdunstet gleich wieder oder gelangt in Bäche, Flüsse, Seen und Meere. Ein anderer Teil sickert in den Boden, durchläuft verschiedene Bodenschichten, gelangt ins Grundwasser oder findet seinen Weg zurück in die Gewässer. Der Wasserkreislauf ist ein in sich geschlossenes System. Wasser geht niemals verloren.

91. Unsichtbares Wasser

Wie kann man beweisen, dass die Luft Wasser enthält?

Du brauchst...
- Trinkglas, halb gefüllt mit Wasser
- Eiswürfel
- Lupe

So geht's:
- Lasse einige Eiswürfel in das Glas fallen und achte auf die Außenwand.

Was passiert?

Die äußere Glaswand wird trüb. Unter der Lupe sieht man viele winzige Wassertröpfchen, die immer größer werden und schließlich am Glas herunter rinnen.

Warum?

Luft enthält fast immer unsichtbaren Wasserdampf. An kalten Stellen (z.B. an der kühlen Glaswand) verdichtet er sich zu kleinen Tröpfchen und schlägt sich nieder: Der Wasserdampf kondensiert.

92. Nasses Erdreich
Kann man Wasser aus dem Boden gewinnen?

Du brauchst...
- Glas
- Plastikfolie
- Steine
- Schaufel

So geht's:
- Grabe draußen (z.B. im Garten) an einer sonnigen Stelle ein tiefes Loch in den Boden.
- Stelle ein Glas in das Loch.
- Spanne die Plastikfolie über das Loch, beschwere sie am Rand mit mehreren Steinen und dichte außerdem ihre Außenränder mit Erde ab.
- Lege in die Mitte der Folie einen kleinen Stein, sodass sie leicht durchhängt.

Was passiert?
Scheint die Sonne auf die Folie, werden sich nach ein paar Stunden an der Innenseite Wassertröpfchen bilden, die zusammenlaufen und schließlich in das Glas tropfen.

Warum?
Selbst scheinbar trockene Erde kann geringe Mengen an Wasser enthalten. Die Sonnenstrahlen erwärmen durch die Folie hindurch die Erde. Das in der Erde enthaltene Wasser verdunstet und schlägt sich innen an der Folie nieder, es kondensiert (s. Experiment 90).

93. Nebelschwaden
Beschlagen warme Glas- oder Spiegelflächen?

Du brauchst...
- 1 Taschenspiegel
- Papiertaschentuch
- Fön
- Kühlschrank

So geht's:
- Reinige die Spiegelfläche mit einem Taschentuch.
- Erwärme den Spiegel, indem du kurz das warme Gebläse eines Föns auf ihn richtest.
- Hauche den warmen Spiegel an und betrachte ihn anschließend.
- Lege den Spiegel für 20 Minuten in den Kühlschrank.
- Hauche die eiskalte Spiegelfläche an.

Was passiert?
Der warme Spiegel beschlägt nicht, wenn du ihn anhauchst. Holst du den Spiegel jedoch aus dem Kühlschrank heraus, beschlägt er, noch bevor du ihn anhauchst.

Warum?
Sowohl die Zimmerluft als auch dein Atem enthalten Wasserdampf. Treffen die warme Luft im Zimmer oder dein warmer Atemhauch auf kalte Flächen, kühlt die Luft ab und der Wasserdampf schlägt sich auf der kalten Spiegelwand wie Nebel in Form kleiner Tröpfchen nieder.

Erwärmt sich die Spiegelfläche, verschwindet der Nebel wieder. Die Wasserteilchen verdunsten besonders schnell, wenn über die kalte Fläche ein warmer „Wind" (z.B. das Gebläse eines Föns) strömt. Und auf einer warmen Fläche kann das in der Luft weiterhin enthaltene Wasser nicht mehr so schnell kondensieren. Aus diesem Grund beschlägt der warme Spiegel nicht, wenn du ihn anhauchst.

Nebel entsteht dadurch, dass sich die warme, feuchte Luft (beispielsweise über Nacht) in Bodennähe abkühlt, wodurch sich viele kleine Wassertröpfchen bilden.

94. Wasserfilter im Boden
Wieso ist Grundwasser meist sauber und keimfrei?

Du brauchst...
- Wasser
- Blumenerde
- Sand
- Kleine Kieselsteine
- 1 Becher
- 1 leerer Blumentopf (mit Loch im Boden)
- 1 Kaffeefilter-Tüte aus Papier
- 1 großes Einmach- oder Marmeladenglas

So geht's:
- Stecke einen Kaffeefilter in einen Blumentopf.
- Fülle in den Filter zuerst eine dicke Schicht Kies, dann Sand und Erde hinein.
- Stelle den Blumentopf auf ein Einmach- oder Marmeladenglas.
- Fülle einen halben Esslöffel Erde in den mit Wasser gefüllten Becher und rühre mehrmals um, sodass das Wasser schmutzig braun aussieht.
- Gieße das mit Erde vermische Wasser auf die Erdschicht im Blumentopf.

Was passiert?
Das Wasser fließt nicht mehr braun, sondern ziemlich klar in das Glas.

Warum?
Das Wasser, das von den Sand-, Kies- und Erdschichten nicht zurückgehalten wird, sickert bis zum Abflussloch des Blumentopfs durch und sammelt sich schließlich im Glas. Die Sand- und Kiesschicht hält die groben Schmutzteilchen, der Papierfilter die feinen Schmutzteilchen zurück, sodass das Wasser hinterher viel klarer aussieht.

Ganz ähnlich wie dein Blumentopf-Filter wirken auch die unterirdischen Gesteinsschichten wie ein Bodenfilter. Auf seinem Weg durch die Bodenschichten löst das Wasser Mineralstoffe aus dem Gestein und führt sie mit sich. Während es die Kies-, Sand- und Gesteinsschichten passiert, wird es gefiltert und sammelt sich (nach etwa 50 Tagen) mineralstoffhaltig, aber klar und sauber in unterirdischen Bächen, Flüssen und Seen.

95. Brunnenwunder
Kann Wasser von unten nach oben fließen?
Bitte hierbei einen Erwachsenen um Hilfe!

Du brauchst...
- Wasser, mit Tinte oder Obstsaft gefärbt
- Knetmasse oder Kaugummi (zerkaut)
- 1 Hammer
- 1 Nagel
- 2 Strohhalme
- 2 Marmeladengläser ohne Deckel
- 1 Marmeladenglas mit Deckel

So geht's:
- Bitte einen Erwachsenen, mit Hilfe von Hammer und Nagel zwei Löcher in den Deckel zu bohren; achte darauf, dass sie möglichst weit voneinander entfernt liegen (siehe Abbildung).
- Stecke die Strohhalme durch die Löcher und befestige sie mit Knetmasse oder Kaugummi. Achte dabei auf die unterschiedliche Länge der Strohhalme in dem Glas (siehe Abbildung): Wenn du den Deckel auf das Glas schraubst, sollte sich der eine Strohhalm knapp über dem Glasboden befinden, der andere nahe am Deckel.
- Fülle zwei Gläser bis zur Hälfte mit gefärbtem Wasser. Verschließe eines davon mit dem vorbereiteten Deckel: Ein Strohhalm ragt nun ins Glas, der andere ins Wasser.
- Stelle das offene, mit Wasser gefüllte Glas auf eine stabile Schachtel und das andere daneben.
- Drehe das mit dem Deckel verschlossene Glas um und halte es wie in der Abbildung beschrieben.

Was passiert?
In dem zugeschraubten Glas sprudelt ein Springbrunnen.

Warum?
Mit Hilfe der Knete hast du das zugeschraubte Glas luftdicht verschlossen. Läuft das Wasser durch den ersten Strohhalm heraus, entsteht in dem Glas, das du hältst, ein Unterdruck. Dieser Unterdruck sorgt dafür, dass über den zweiten Strohhalm Wasser aus dem unteren Glas „hochgezogen" wird.

Früher bohrte man einen rohrförmigen Schacht tief in die Erde und schöpfte das hochsteigende Wasser mit einem Eimer ab, den man über ein langes Seil auf- und abwärts bewegen konnte.

In den heutigen Brunnen ist das Brunnenrohr im unteren Bereich wie ein Sieb von Löchern durchbrochen. Um das Rohr herum ist Kies aufgeschüttet. Das Grundwasser dringt durch die Lücken der Kiesaufschüttung in die Sieblöcher des Rohrs, wobei Erde und Sand herausgefiltert werden.

Eine Unterwasserpumpe pumpt das Wasser aus dem Rohr und leitet es über ein Wasserwerk in die Trinkwasserbehälter.

96. Regenwasser
Ist Regenwasser so sauber wie Trinkwasser aus der Leitung?

BEI REGENWETTER!

Du brauchst...
- Regen
- Leitungswasser
- Kieselsteine
- 2 weiße Plastikbecher
- Spülmittel
- 1 Löffel

So geht's:
- Stelle einen der beiden Plastikbecher bei Regenwetter ins Freie.
- Türme um den leeren Becher Kieselsteine, damit er nicht umkippt.
- Lasse den Becher mit Regenwasser voll laufen.
- Warte zwei Tage und stelle dann den mit Regenwasser gefüllten Becher auf den Tisch.
- Fülle den zweiten Becher mit Leitungswasser und stelle ihn neben den ersten Becher.
- Vergleiche den Inhalt der beiden Becher.
- Gebe in jeden Becher einen Tropfen Spülmittel und rühre mit einem Löffel um.

Was passiert?
Das Leitungswasser ist sauber und klar, im Regenwasser schwimmen feine Ruß- und Staubpartikel. Das Spülmittel schäumt im Regenwasser viel stärker als im Leitungswasser.

Warum?
Regenwasser filtert kleine Schmutzpartikel aus der Luft, indem die Regentröpfchen auf ihrem Weg nach unten die in der Luft schwebenden Staub- und Rußteilchen umschließen. Auch Autoabgase und der Rauch aus Kamin- und Fabrikschloten können das Regenwasser belasten. Sogar winzigste Lebewesen (z.B. Bakterien, Algen, Amöben) können in Regenwasser enthalten sein. Daher ist Regenwasser nie so sauber, dass man es (außer im Notfall) trinken sollte. Und im Unterschied zu Leitungswasser ist Regenwasser kalkarm und löst deshalb Spülmittel oder Seife besser.

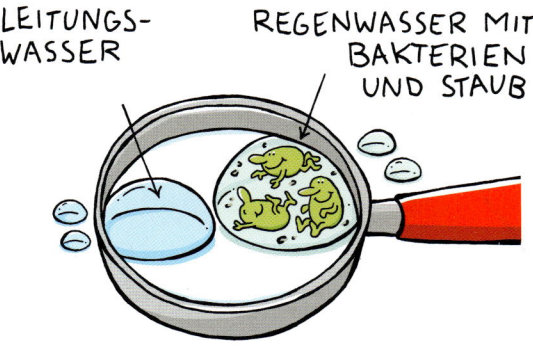

97. Röhren „kommunizieren" miteinander
Wie kann man sich den Grundwasserspiegel vorstellen?
Bitte hierbei einen Erwachsenen um Hilfe!

Du brauchst...
- 1 Krug mit Leitungswasser
- Kaugummi (zerkaut) oder Knete
- Strohhalm
- 1 Schere
- 1 großen und einen kleinen Partybecher aus Papier

So geht's:
- Bitte einen Erwachsenen, in jeden Becher in 3 cm Höhe ein Loch in die Becherwand zu stechen. Das Loch sollte denselben Durchmesser haben wie der Strohhalm.
- Schneide ein etwa 7 cm langes Stück vom Strohhalm ab.
- Stecke das eine Ende des Strohhalms in den ersten und das andere in den zweiten Becher.
- Dichte die Verbindungsstellen außen an der Becherwand rund um den Strohhalm mit Kaugummi oder Knete ab.
- Fülle Leitungswasser in einen der beiden Becher.

Was passiert?
Das Wasser fließt über den Strohhalm in den anderen Becher, bis in beiden Bechern gleich viel Wasser ist. Der Wasserspiegel in den beiden Bechern ist gleich hoch.

Warum?
Die beiden Becher sind Gefäße, die oben offen, unten jedoch miteinander verbunden sind – man bezeichnet dies als Kommunizierende Röhren. Und da die Schwerkraft des Wassers und der Luftdruck immer gleich hoch sind, steigt das Wasser innerhalb des Röhren- bzw. „Becherverbunds" in jedem Becher immer auf die gleiche Höhe an.

Auch die unterirdischen Hohlräume, in denen sich das Grundwasser befindet, sind im Prinzip verbundene Röhren. Das Grundwasser verteilt sich so, dass sich in allen Spalten und Rissen dieselbe Höhe, der Grundwasserspiegel, einstellt. Die Höhe des Grundwasserspiegels selbst schwankt: In feuchten Jahreszeiten ist er hoch, in trockenen fällt er.

98. Bau dir deine eigene Kläranlage
Wie funktioniert eine Kläranlage?

Du brauchst...
- Wasser
- 1 Esslöffel Öl
- 1 Esslöffel Brotbrösel
- 1 Esslöffel Gartenerde
- Spülmittel
- Aktivkohle (aus einer Zoohandlung)
- Vogelsand (aus einer Zoohandlung)
- Feiner Kies
- 1 Krug
- Kaffeefilter mit entsprechendem Filterpapier
- 1 in der Größe zum Kaffeefilter passendes Einmachglas
- 3 Übertöpfe aus Plastik (mit Loch), im Durchmesser etwas kleiner als der Filter

So geht's:
- Rühre in dem Krug Schmutzwasser aus Öl, Bröseln, Gartenerde, Spülmittel und Wasser an.
- Lege den Kaffeefilter mit dem Filterpapier aus und stelle ihn in das Einmachglas.
- Stelle Filter und Einmachglas in ein Waschbecken.
- Bedecke den Boden des ersten Übertopfes zur Hälfte mit Aktivkohle und stelle ihn in den Filter.
- Fülle den zweiten Übertopf zur Hälfte mit Sand und stelle ihn in den ersten Übertopf.
- Fülle den dritten Übertopf zur Hälfte mit Kies und stelle ihn in den zweiten Übertopf.
- Gieße das Schmutzwasser langsam in den mit Kies gefüllten Topf.

Was passiert?
Das Schmutzwasser läuft durch die drei Töpfe bis in das Glas. Wenn es unten ankommt, ist es sauberer als im Krug. Das Wasser schäumt aber noch.

Warum?

Zwar wird das Wasser durch die Kies-, Sand- und Aktivkohleschichten und den Filter von groben Schmutzteilen befreit, doch nicht alle Stoffe sind herausgefiltert worden. Spülmittel und Bakterien sind noch immer im Wasser enthalten. Trinkbar ist das Wasser also noch nicht!

Eine Kläranlage reinigt das Abwasser, bevor es wieder in die Flüsse geleitet wird. Meist durchläuft das Schmutzwasser mehrere Reinigungsstufen, man unterscheidet zwischen mechanischer, chemischer und biologischer Reinigung.

Die erste Stufe der mechanischen Reinigung ist die Rechenanlage, die den Grobschmutz zurückhält. Der sogenannte Sandfang ist ein Absetzbecken, der wie deine Sandschicht weitere Grobteilchen aus dem Wasser filtert. Anschließend läuft das Wasser ins Vorklärbecken, in dem Schlamm entfernt wird.

Die Aktivkohle im Experiment entspricht der biologischen Reinigungsstufe der Kläranlage. Sie nutzt Mikroorganismen und Sauerstoff, um die organischen und phosphat- oder nitrathaltigen Stoffe im Abwasser abzubauen. Oft werden zusätzlich chemische Verfahren eingesetzt, um Phosphate und Nitrate zu entfernen. Im Nachklärbecken setzt sich der bakterienhaltige Schlamm ab und wird vom Abwasser getrennt. Der Schlamm aus dem Vorklär- und dem Nachklärbecken wird im Faulturm von Bakterien in Gas, Wasser und Feststoffe zersetzt. Der entstandene Klärschlamm wird entweder als Dünger genutzt oder entwässert und verbrannt. Das gereinigte Abwasser kann nun wieder in die Flüsse geleitet werden.

99. Auch Regen kann sauer werden
Schädigt saures Wasser Pflanzen?

Du brauchst...
- 2 kleine Teller
- Küchenpapier
- 1 Sprühflasche, gefüllt mit Wasser
- Haushaltsessig
- 1 Esslöffel Kressesamen
- 2 Glasschälchen oder 2 Gefrierbeutel aus Plastik (durchsichtig)

So geht's:
- Lege die beiden Teller mit Küchenpapier aus.
- Sprühe mit Hilfe der Sprühflasche Wasser auf einen Teller, sodass das Küchenpapier feucht ist.
- Gib löffelweise den Essig auf das Küchenpapier auf dem zweiten Teller.
- Verteile die Kressesamen gleichmäßig auf den beiden Tellern.
- Stülpe über jeden Teller ein Glasschälchen oder schiebe den Teller in einen Gefrierbeutel, damit das Wasser nicht sofort wieder verdunstet.
- Stelle alles an einen warmen Ort (z.B. auf eine sonnige Fensterbank).

Was passiert?
Die Samen keimen auf dem mit Essig behandelten Teller nicht aus.

Warum?
Die Kressesamen auf dem mit Essig behandelten Teller nehmen Essig (und damit Säure) statt Wasser auf. Eine Keimung ist unter sauren Bedingungen nicht möglich. Auch Regen kann sauer werden, wenn er Staub- und Schmutzteilchen aus der Luft einfängt.

100. Süß- und Salzwasser
Wie kommt Salz ins Süßwasser und wie gelangt es ins Meer?

Du brauchst...
- Wasser
- Kleine Kieselsteine
- Salz
- Sand
- 1 Kaffeefilter aus Papier
- 1 leerer Blumentopf (mit Loch im Boden)
- 1 großes Einmach- oder Marmeladenglas

So geht's:
- Stecke den Kaffeefilter in den Blumentopf und stelle diesen auf ein Einmachglas.
- Fülle (saubere) Kieselsteine in den Filter.
- Streue Salz darauf.
- Gieße Wasser auf die Steine und das Salz, bis das Einmachglas fast gefüllt ist.
- Stecke deinen Finger in das Wasser im Einmachglas und probiere wie es schmeckt.

Was passiert?
Das Wasser schmeckt salzig.

Warum?
Das Salz löst sich im Wasser auf und kann nicht von dem Filter zurückgehalten werden. In der freien Natur versickert Regen im Erdreich und löst auf seinem Weg in die Tiefe Salze aus dem unterirdischen Gestein. Tritt das Wasser in Quellen wieder an die Oberfläche, führt es die gelösten Salze mit sich. Dennoch schmeckt das Süßwasser nicht salzig, weil die Menge der in ihm gelösten Salze sehr gering ist.

Der Salzgehalt in den Meeren verändert sich kaum. Zwar wird ständig Salz aus „Süßgewässern", die ins Meer münden, nachgeliefert, doch ein Teil des Salzes wird (z.B. durch Gischt, Wellen) an Land abgelagert oder in den Schalen von Korallen, Muscheln und Kieselalgen gebunden.

Der Salzgehalt der Weltmeere sowie der Nord- und Ostsee ist sehr unterschiedlich: Mit 3,5% liegt die Nordsee genau im Durchschnitt, die Ostsee mit 0.4-2,0% weit darunter. Der Atlantik weist einen Salzgehalt von 3,0-3,7% auf, das Tote Meer hingegen von 29%!

101. Meerwasser-Entsalzungsanlage

Kann aus Meerwasser trinkbares Süßwasser gewonnen werden?

Bitte hierbei einen Erwachsenen um Hilfe!

Du brauchst...
- Wasser
- Kochsalz (etwa 4 Esslöffel)
- 1 Topf
- Herdplatte
- 1 Kochlöffel
- 1 sauberes Stofftaschentuch
- 1 kleines Schälchen

So geht's:
- Fülle einen Topf zur Hälfte mit Wasser.
- Rühre das Salz ein und löse es im Wasser auf. Probiere, ob das Wasser salzig schmeckt.
- Bitte einen Erwachsenen, den Topf zum Kochen zu bringen.
- Lege einen Kochlöffel quer über den Topfrand und lege das Taschentuch ausgebreitet darüber.
- Lass das Wasser einige Minuten kochen, bis das Taschentuch vom Dampf durchnässt ist.
- Bitte einen Erwachsenen, das Taschentuch über dem Schälchen auszuwringen.
- Probiere, wie das Wasser im Schälchen schmeckt.

Was passiert?
Das Wasser im Schälchen schmeckt nicht salzig.

Warum?
Das gelöste Salz kann nicht in Form von Wasserdampf bis zum Taschentuch aufsteigen. Wenn du es über ein Gefäß hältst und auswringst, kannst du das Wasser auffangen. Auf diese Weise lassen sich im Notfall auch aus Meerwasser kleine Mengen trinkbares Wasser gewinnen.

Glossar

Adhäsion

Aneinanderhaften von zwei verschiedenen →Stoffen aufgrund molekularer Kräfte.
Beispiel: Wassertropfen auf einer Glasfläche.

Aggregatzustand

Die meisten →Stoffe, so auch Wasser, können in drei Aggregatzuständen vorkommen: fest (Schnee, Eis), flüssig (Regen, Gewässer, Grundwasser) und gasförmig (Wasserdampf in der Luft). Der Aggregatzustand von Wasser ist abhängig von der Temperatur und von dem vorherrschenden Druck: Auf dem Mount Everest kocht Wasser beispielsweise bereits unterhalb einer Temperatur von 100 °C.
Wichtige Begriffe in diesem Zusammenhang sind →Verdunstung, →Sublimation, →Gefrier- und →Siedepunkt.

Anomalie

beschreibt das Abweichen von der Normalität.

Anomalie des Wassers

Wasser verhält sich nicht wie andere Stoffe; es weicht vom normalen Verhalten ab.
1. Beispiel : →Dichteanomalie.
2. Beispiel : Gefrorenes Eis schmilzt unter Druck; andere Stoffe hingegen werden fester.

Atom

Kleinste Teilchen, aus denen sämtliche Dinge im Universum bestehen. Sie können sich zu Atomgruppen, den →Molekülen zusammensetzen.

Auftrieb

Ist die der Gewichtskraft entgegengesetzte Kraft und beschreibt die Fähigkeit des Wassers, Gegenstände zu „tragen" und Dinge schwimmen zu lassen. Nach Archimedes ist der Auftrieb eines Körpers in einer Flüssigkeit gleich dem Gewicht der von ihm verdrängten Flüssigkeit. Der Auftrieb ist u.a. von der Form des Gegenstandes abhängig.
Beispiel: Auch ein tonnenschweres Schiff kann schwimmen, wenn die Form des Schiffsrumpfes so gewählt wird, dass er mehr Wassergewicht verdrängt, als er selbst wiegt.

Chemische Formel

In der Chemie wird jedem Element ein chemisches Symbol zugeordnet; so steht beispielsweise O für Sauerstoff und H für Wasserstoff. Wasser ist eine chemische Verbindung aus zwei Wasserstoffatomen und einem Sauerstoffatom. Die chemische Formel lautet: H_2O.

Dichte

Verhältnis von →Masse zum →Volumen eines Stoffes bzw. Körpers, angegeben in kg/m^3 (Kilogramm pro Kubikmeter).
Beispiel: Wasser nimmt weniger Raum ein als gefrorenes Eis. Man sagt: Wasser hat eine höhere Dichte als Eis. Die Dichte ist abhängig von der Temperatur und dem vorherrschenden Druck. Wasser hat bei 4°C seine höchste Dichte (→Dichteanomalie des Wassers). Unter dem Begriff „mittlere Dichte" versteht man einen Durchschnittswert, sofern ein Körper aus unterschiedlichen Materialien besteht.

Dichteanomalie des Wassers

Eigenschaft des Wassers, sich beim Gefrieren auszudehnen und leichter zu werden.

Die meisten Stoffe dehnen sich bei Erwärmung aus (Dichte nimmt ab) und ziehen sich beim Erkalten zusammen (Dichte nimmt zu). Wasser hingegen verhält sich anomal, da es bei einer Temperatur von 4°C seine größte Dichte erreicht. Kühlt das Wasser weiter ab, so dehnt es sich aus und nimmt als gefrorenes Eis 10 % mehr Raum ein als flüssiges Wasser.

Die Dichteanomalie ist lebensnotwendig für das Leben auf der Erde: So frieren Seen beispielsweise von oben nach unten zu, sodass es Fischen möglich ist, am Grund des Gewässers zu überwintern.

Diffusion

Gleichmäßige Verteilung von Teilchen von Orten höherer Konzentration zu Orten niedriger Konzentration.

Beispiel: Verteilung von Geruchsstoffen im Raum; gleichmäßige Verteilung von Tinte in Wasser.

Dipol

→Molekül mit zwei entgegengesetzt elektrisch geladenen Enden.

Wassermoleküle ziehen sich gegenseitig an, weil in einem einzelnen Molekül eine ungleiche Ladungsverteilung herrscht. Da ein Wassermolekül aus zwei Wasserstoffatomen (positiver Pol) und einem Sauerstoffatom (negativer Pol) besteht, wird es als Zwei- bzw. Dipol bezeichnet. Diese Ladungsverteilung im Wassermolekül ist die Voraussetzung für die Bildung von →Wasserstoffbrücken.

Elektronen

Elektrisch negativ geladener Bestandteil der Atome. (Positives Gegenstück: →Protonen)

Emulsion

Eine Emulsion besteht aus zwei Flüssigkeiten, die sich nicht miteinander mischen lassen. Ein Beispiel hierfür ist ein Gemisch aus einer wässrigen und einer fetthaltigen Komponente. Da diese beiden Flüssigkeiten nicht mischbar sind, benötigt man eine Art „Hilfsstoff" (→Emulgator), der in der Lage ist, eine sehr feine Verteilung der beiden Flüssigkeiten ineinander zu ermöglichen.

Emulgator

Substanz, die in der Lage ist, zwei miteinander nicht mischbare Flüssigkeiten (z.B. Wasser und Öl) zu einer →Emulsion zu vermischen. Die Moleküle von Emulgatoren haben ein „wasserfreundliches" und ein „fettfreundliches" Ende, wodurch Wasser und Fett dauerhaft miteinander vermischt werden können.

Ein Beispiel für einen Emulgator ist das Spülmittel.

Gefrierpunkt

Temperatur, bei der Wasser in den festen →Aggregatzustand übergeht und zu Eis gefriert.

Gewicht

Maß dafür, wie stark die Schwerkraft an einem Körper zieht.

Nicht zu verwechseln mit der →Masse.

Kältemischung

Gemisch, beispielsweise aus Eiswürfeln, Wasser und

Salz, zur Erzeugung von Kälte.

Kapillarkraft, Kapillare

Eigenschaft von Flüssigkeiten, sich in engen Röhren und Spalten auszubreiten.

Ist die →Adhäsion größer als die →Kohäsion, so zieht die Flüssigkeit in engen Röhrchen, Spalten oder Fasern hoch. Diese Röhrchen bezeichnet man als Kapillare: Je enger sie sind, desto höher steigt die Flüssigkeit. Beispiele: Aufsteigendes Grundwasser in höher gelegene Gebirge; Aufsteigen der Säfte in Pflanzen.

Kohäsion

Anziehungskraft zwischen →Molekülen des gleichen →Stoffes, so beispielsweise zwischen einzelnen Wassermolekülen. Diese Kräfte halten die →Moleküle einer Substanz im Inneren zusammen.

Kondensation

Übergang vom gasförmigen in den flüssigen →Aggregatzustand. Gasförmiger Wasserdampf verwandelt sich durch Abkühlung wieder in flüssiges Wasser.

Lösung

Gemisch aus mindestens zwei →Stoffen, das ein →Lösungsmittel (z.B. Wasser) und einen oder mehrere gelöste Stoffe enthält (z.B. Zucker oder Salz).

Lösung, gesättigt

Lösung, die die Höchstmenge eines gelösten →Stoffes enthält. Ist zu viel eines Stoffes enthalten, so bildet sich ein Bodensatz. Beispiel: Ab einer gewissen Menge löst sich auch Zucker nicht mehr in Wasser restlos auf, sondern setzt sich am Boden ab: Die Zucker-Wasser-Lösung ist gesättigt.

Lösungsmittel

Flüssigkeiten, die andere →Stoffe lösen, ohne sie chemisch zu verändern. Beispiel: Zuckerwasser (Das Lösungsmittel Wasser löst den Stoff Zucker.)

Masse

Eigenschaft eines Körpers, die sich in seiner Trägheit und seiner Gewichtskraft äußert. Maß dafür, wie viel Materie in einem Gegenstand ist. Maßeinheit: Kilogramm.

Masse ist nicht mit dem →Gewicht gleichzusetzen: Unabhängig davon, ob sich beispielsweise ein Astronaut auf der Erde, dem Mond oder in der Schwerelosigkeit des Weltalls befindet, ändert sich seine Masse nicht. Wiegt ein Astronaut jedoch auf der Erde 100 kg so reduziert sich sein Gewicht auf dem Mond aufgrund der geringeren Mondanziehungskraft auf 1/6, also auf rund 17 kg, und in der Schwerelosigkeit auf 0 kg.

Molekül

Zusammenschluss unterschiedlichster →Atome (kleinste Teilchen) zu Atomgruppen. In Abhängigkeit von der Art der Atome haben Moleküle verschiedene Eigenschaften. Ein Wassermolekül setzt sich beispielsweise aus einem Sauerstoffatom und zwei Wasserstoffatomen zusammen: Die →chemische Formel hierfür lautet dementsprechend H_2O.

Oberflächenspannung

Entsteht an der Grenze von Wasser und Luft. Wassermoleküle ziehen sich gegenseitig an (→Kohäsion), doch an der Wasseroberfläche fehlt den →Molekülen der „nach oben" ziehende Partner, sodass eine starke, nach unten bzw. innen gerichtete Kraft auftritt: An der Oberfläche entsteht eine regelrechte „Wasserhaut". Auswirkungen der Oberflächenspannung sind die kugelige Form des Wassertropfens und die Tatsache, dass manche Gegenstände schwimmen, obwohl sie eine größere →Dichte als Wasser haben.

Opferanode

Kombination eines unedlen und edlen Metalles mit dem Ziel, dass sich das unedle Metall „opfert" und somit das edlere Metall vor Korrosion (Rost) bewahrt.

Osmose

Die Osmose ist eine spezielle Form der →Diffusion, bei der zwei gleichartige, aber unterschiedlich konzentrierte →Lösungen durch eine →semipermeable Membran getrennt werden. Da diese Membran z.B. für Wassermoleküle durchlässig ist, „wandern" bzw. diffundieren so lange Wassermoleküle von der weniger konzentrierten in die höher konzentrierte Lösung, bis ein Ausgleich der Konzentration auf beiden Seiten erfolgt ist. Osmose spielt eine wichtige Rolle im Pflanzen- und Tierreich.

Oxidation

Verbindung eines →Stoffes mit Sauerstoff.
Beispiel: Rost ist eine Verbindung von Sauerstoff und Eisen (Korrosion); Wasser beschleunigt diesen Prozess.

Protonen

Elektrisch positiv geladener Bestandteil der Atome.
(Negatives Gegenstück: →Elektronen)

Schmelzpunkt

Temperatur, bei der ein fester →Stoff durch Erwärmung flüssig wird.

Semipermeable Membran

Halbdurchlässige Membran, die Flüssigkeiten oder Gase trennt und nicht für alle Stoffe gleich durchlässig ist. Durch ihre Poren können kleinere →Moleküle hindurch, größere jedoch nicht.
Beispiel: Kirschen, deren Haut eine derartige Membran darstellt, lassen bei Regen Wasser in die Frucht, der Zucker jedoch kann die Kirsche nicht verlassen: Die Haut der Kirsche platzt auf, da sich die Kirsche mit Wasser füllt.

Siedepunkt

Temperatur, bei der eine Flüssigkeit in den gasförmigen Zustand übergeht.

Stoff

Sämtliche Dinge, die uns umgeben, bestehen aus Stoffen. Stoff ist ein anderes Wort für Materie. Unabhängig von Größe und Form bestehen beispielsweise ein Goldbarren, ein Goldring und eine Goldkette immer aus dem chemischen Stoff Gold. Stoffe können flüssig, fest oder gasförmig sein (→Aggregatzustand). Die Chemie ist die Wissenschaft von diesen zahlreichen Stoffen, die durch Eigenschaften wie →Dichte, →Schmelzpunkt oder →Aggregatzustand charakterisiert werden.

Sublimation

Übergang eines →Stoffes vom festen (z.B. Eis) in den gasförmigen →Aggregatzustand (z.B. Wasserdampf), ohne dass der Stoff zwischendurch flüssig wird. Beispiel: Auch bei starkem Frost kann im Winter im Freien Wäsche trocknen. Zunächst gefriert die Feuchtigkeit im Wäschestück, dann sublimiert sie zu Wasserdampf.

Suspension

Gemisch aus einer Flüssigkeit und einem festen Stoff. Dabei löst sich der feste Stoff nicht auf, sondern schwimmt fein verteilt in der Flüssigkeit und setzt sich nach einiger Zeit als Bodensatz ab (Beispiel: Lehm in Wasser).

Tastrezeptoren

Der Tastsinn ist einer der fünf Sinne des Menschen. Spezielle Nervenenden in der Haut, die Tastrezeptoren, leiten Berührungsreize über Nervenbahnen an das Gehirn weiter, wo die Verarbeitung der Information erfolgt: Erst hier entsteht ein „Bild" des ertasteten Gegenstandes.

Tenside

Waschaktive Substanzen (auch Seifen), welche die →Oberflächenspannung des Wassers herabsetzen.

Thermorezeptoren

Nervenendungen im Körper, die auf Temperatur bzw. Temperaturänderungen reagieren (Temperatursinn). Man unterscheidet Wärme- und Kälterezeptoren.

Verdunstung

Übergang eines →Stoffes vom flüssigen in den gasförmigen →Aggregatzustand.
Beispiel: Wasser verdunstet zu Wasserdampf. Die Verdunstung spielt eine wichtige Rolle im Wasserkreislauf der Erde.

Viskosität

„Zähigkeit" von Flüssigkeiten bzw. Maß für den inneren Widerstand einer Flüssigkeit gegen das Fließen.
Beispiel: Honig ist viskoser/zähflüssiger als Wasser. Viskosität nimmt normalerweise mit steigender Temperatur ab (erwärmter Honig ist dünnflüssiger und fließt besser).

Volumen, auch Rauminhalt

beschreibt die Ausdehnung bzw. die Größe eines Körpers und wird in Kubikmeter oder Liter gemessen.

Wärmekapazität

Fähigkeit eines Stoffes, Wärme aufzunehmen.

Wasserstoffbrücke

In flüssigem Wasser ziehen sich die →Moleküle gegenseitig an, wobei sich ein Wasserstoffatom des einen Moleküls an ein Sauerstoffatom eines anderen Moleküls anlagert. Es entsteht eine Verbindung zwischen den beiden Molekülen, eine Wasserstoffbrücke deren Festigkeit von der Bewegung der Teilchen und somit von der Temperatur abhängig ist. Bei einer Temperatur von 4°C herrschen ideale Bedingungen und die Wassermoleküle lagern sich sehr eng aneinander. Wasser hat dementsprechend hier seine größte →Dichte, wobei sich die Brücken immer wieder auflösen und neu binden. Gefriert das Wasser, so bildet sich aus den über Wasserstoffbrücken verbundenen Wassermolekülen ein festes Kristallgitter, das wesentlich mehr Platz einnimmt als einzelne Moleküle.

In dieser Reihe auch erschienen

101 Experimente mit Pflanzen

ab 8 Jahren
144 Seiten
€ 12,95 (D), € 13,40 (A)
ISBN 978-3-89777-426-1

Kiefernzapfen sind das ideale Versteck für geheime Botschaften, Kakteen wachsen auch mit fremden „Köpfen" weiter, und Bananen sind nicht zufällig krumm.

Pflanzen können ausgesprochen trickreich sein, wenn es darum geht, möglichst viel Sonnenlicht einzufangen, sich vor Hitze und Schmutz zu schützen, das Wasser bis in die Baumwipfel zu transportieren oder sich fortzupflanzen. Dieses Buch macht neugierig auf die Geheimnisse der Natur:

- **Woran kann man das Alter eines Baumes erkennen?**
- **Warum färben sich im Herbst die Blätter bunt?**
- **Was unterscheidet Süß- von Sauergräsern?**
- **Wie stellt man Juckpulver her?**

101 Experimente geben faszinierende Einblicke in die Welt der Pflanzen - mit zahlreichen interessanten Fakten, anschaulichen Erklärungen und lustigen Illustrationen.

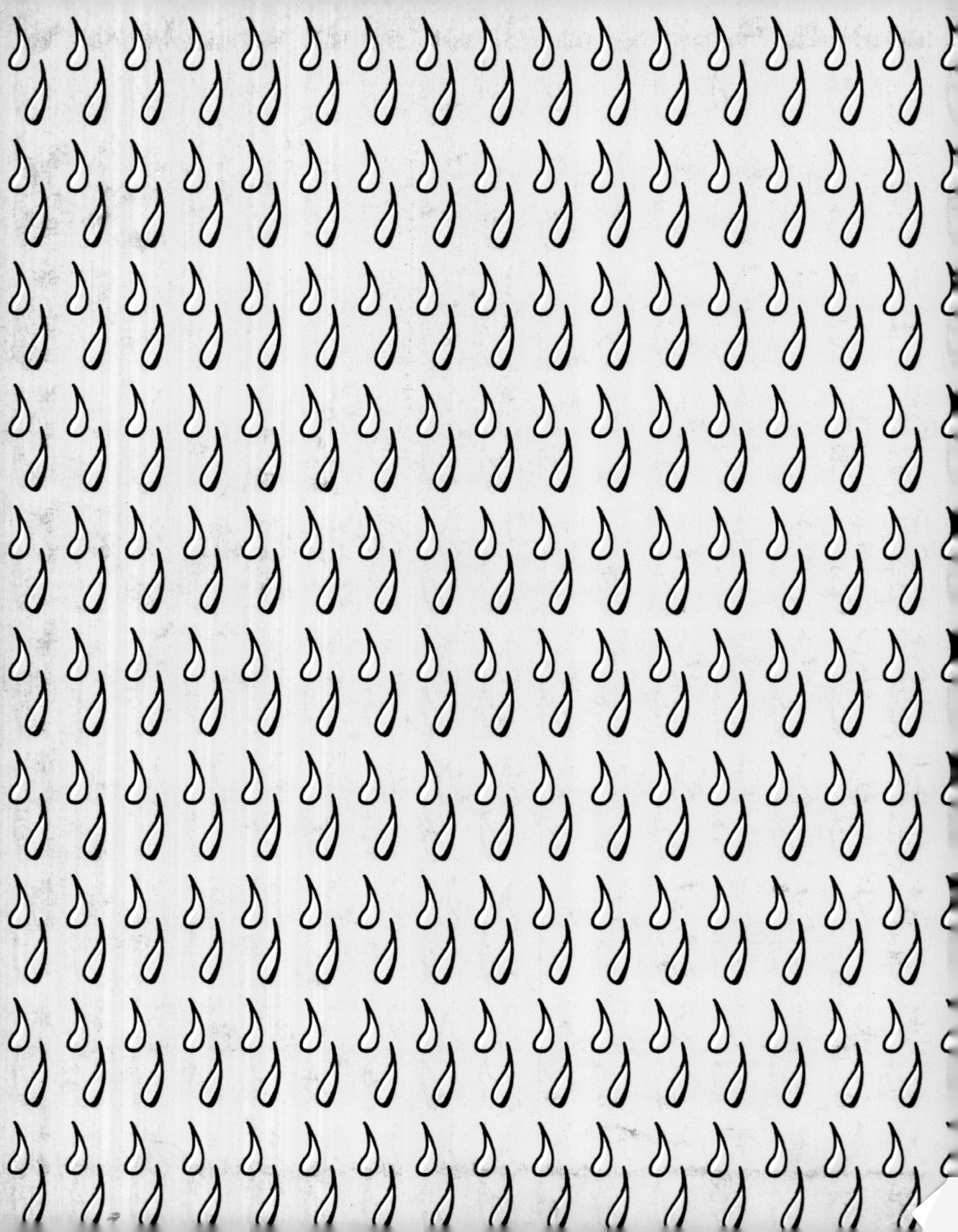